Das Grundschulwörterbuch Fremde Wörter

von Ulrike Holzwarth-Raether,
Annette Raether und Prof. Dr. Christoph Gerhardt

mit Bildern von Kerstin Meyer

Dudenverlag
Mannheim · Zürich

Die Rechtschreibung in diesem Buch folgt im Falle von Schreibvarianten den Empfehlungen von Duden – Die deutsche Rechtschreibung (25. Auflage).

Beratungsangebot für Eltern und Lehrer (kostenpflichtig):
Die **Duden-Sprachberatung** beantwortet Fragen zu Rechtschreibung, Grammatik, Zeichensetzung u. Ä.
montags bis freitags zwischen 8:00 und 18:00 Uhr.
Aus Deutschland: **09001 870098** (1,86 € pro Minute aus dem Festnetz)
Aus Österreich: **0900 844144** (1,80 € pro Minute aus dem Festnetz)
Aus der Schweiz: **0900 383360** (3,13 CHF pro Minute aus dem Festnetz)
Die Tarife für Anrufe aus den Mobilfunknetzen können davon abweichen.

Bibliografische Information der Deutschen Nationalbibliothek
Die Deutsche Nationalbibliothek verzeichnet diese Publikation in der Deutschen Nationalbibliografie; detaillierte bibliografische Daten sind im Internet über http://dnb.d-nb.de abrufbar.

 D C B A
Bibliographisches Institut GmbH
Dudenstraße 6, 68167 Mannheim

Redaktionelle Leitung: Katja Schüler
Lektorat: Inge Meyer-Öhlmann, Hamm
Herstellung: Ursula Fürst
Layout: Horst Bachmann, Weinheim
Umschlaggestaltung: Hemm-communication.design, Filderstadt
Satz: Sigrid Hecker, Mannheim
Druck und Bindung: Parzeller Druck- und Mediendienstleistungen GmbH & Co. KG, Frankfurter Straße 8, 36043 Fulda
Printed in Germany

ISBN 978-3-411-74191-5

Fremde Wörter – Fremdwörter

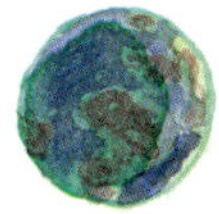

Jeden Tag triffst du auf Wörter, die du nicht kennst. Das geht den Erwachsenen genauso. Max, der in den Bergen wohnt, weiß, was eine Klamm ist, kennt aber das Wort Kutter nicht, weil er noch nie am Meer war. Kira kennt das Wort Trense. Sie ist in jeder freien Minute auf dem Reiterhof. Mira ist die Bedeutung des Wortes fremd, weil sie sich noch nie mit Pferden beschäftigt hat.

Fremde Wörter sind aber auch die Wörter, die aus anderen Sprachen ins Deutsche eingewandert sind, z. B. das Baby, der Zoo, der Tunnel. Du kennst und benutzt sie selbstverständlich. Viele von ihnen haben eine lange Reise hinter sich. Andere kommen direkt aus der Nachbarschaft. Manche sind schon seit Hunderten von Jahren in der deutschen Sprache zu Hause, andere Wörter wurden erst in jüngster Zeit ins Deutsche übernommen. Vielen Fremdwörtern hörst und siehst du es sofort an, dass sie Fremdwörter sind, weil sie anders geschrieben, betont oder ausgesprochen werden, als du es gewohnt bist.

Von diesen Wörtern wimmelt es in den Nachrichten, in der Zeitung oder wenn Erwachsene miteinander diskutieren. Du hörst diese Wörter immer wieder, verstehst aber ihre Bedeutung nicht.

In diesem Fremdwörterbuch kannst du viele dieser Wörter nachschlagen. Du siehst dann, aus welcher Sprache die Wörter kommen, was sie bedeuten, wie sie verwendet und wie sie geschrieben werden. Auf den Landkarten im Anhang deines Wörterbuches kannst du die Wörterwanderungen verfolgen. Dabei wirst du entdecken, dass es unter den Wörtern nicht nur „Einwanderer“ (siehe Seite 180–181), sondern auch „Auswanderer“ (siehe Seite 182–183) gibt.

So findest du dich in deinem Wörterbuch zurecht:

Dein Fremdwörterbuch besteht aus über 2500 Stichwörtern von A bis Z.

Jedes Stichwort ist in fetter, blauer Schrift hervorgehoben.

Wenn das Stichwort anders gesprochen als geschrieben wird, findest du dieses Zeichen:

In Klammern hinter dem Stichwort steht, aus welcher Sprache das Wort kommt.

die Tour (franz.)

In deinem Fremdwörterbuch findest du Abkürzungen für die Sprachen, aus denen das Stichwort übernommen wurde. Die Abkürzungen für die verschiedenen Sprachen werden auf Seite 177 erklärt.

Wenn das Wort einen Weg über verschiedene Sprachen genommen hat, findest du zum Beispiel einen solchen Eintrag:

(griech. ▷ lat. ▷ franz.)

Der Eintrag bedeutet, dass das Wort einst vom Griechischen in die lateinische Sprache, die Sprache der Römer, übernommen wurde und dann erst über das Französische zu uns ins Deutsche kam.

Unter jedem Stichwort steht die Bedeutung des Wortes.

Wenn ein Wort verschiedene Bedeutungen hat, sind diese mit einem Sternchen * gekennzeichnet.

die Tour (franz.)
* Fahrt, Ausflug, Wanderung
* Art und Weise, mit Tricks etwas zu erreichen
* im Plural: Touren; Umdrehung

Beispiele zeigen dir, wie das Fremdwort benutzt wird. Sie sind in grauer Schrift hervorgehoben.

die Tour (franz.)
* Fahrt, Ausflug, Wanderung
Fahrradtour, Klettertour
* Art und Weise, mit Tricks etwas zu erreichen
Das ist ja eine ganz fiese Tour!
* im Plural: Touren; Umdrehung
Die Waschmaschine schleudert mit bis zu 1400 Touren.

Als Beispiele findest du ganze Sätze oder gebräuchliche Wortverbindungen. Manchmal ist aber auch kein Beispiel nötig.

Gib nicht auf, wenn du ein Wort nicht findest oder eine Erklärung nicht verstehst.

Unter den Stichwörtern findest du die Nomen, die in weiblicher und in männlicher Form vorkommen, abwechselnd immer nur in einer Form.

Fremdwörter, die in den Beispielen und Erklärungen vorkommen, findest du alle als Stichwörter in deinem Wörterbuch. Du kannst sie nachschlagen, wenn du nicht weißt, was sie bedeuten, und gleichzeitig das Nachschlagen trainieren.

Viele Fachbegriffe, wie z. B. die Namen für Tiere, für Kleidungsstücke, auch für die vielen Speisen aus aller Herren Länder, stehen nicht in der Wörterliste deines Wörterbuches. Auf den Seiten 174 bis 176 findest du aber eine kleine Auswahl davon.

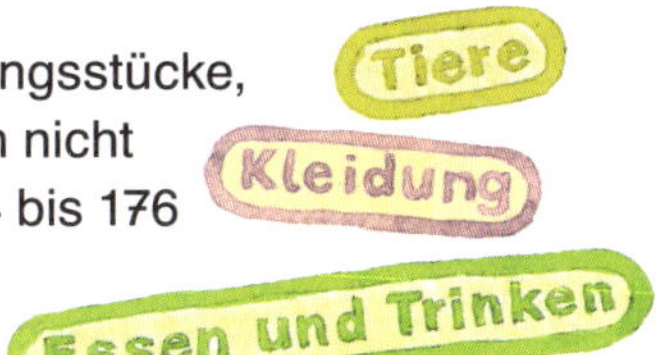

Fachbegriffe und Erklärungen, die du in der Wörterliste nicht findest, kannst du in einem Lexikon nachschlagen.

A

das Abitur (lat.)
Kurzwort: Abi; Schulabschluss, mit dem man an einer Hochschule studieren kann
Mit dem Abitur beenden die Schüler ihre Schulzeit.

das Abonnement (franz.) !
Kurzwort: Abo; regelmäßiger Bezug über eine gewisse Zeit, z. B. einer Zeitung
ein Abonnement kündigen

abrupt (lat.)
plötzlich, unvermittelt
Ein Feueralarm unterbrach abrupt den Unterricht.

absolvieren (lat. ▷ franz.)
etwas ausführen, zum Abschluss bringen
Sie absolvierte in vier Jahren ihre Ausbildung.

absorbieren (lat. ▷ franz.)
in sich aufnehmen, aufsaugen
Dunkle Stoffe absorbieren die Sonnenwärme stärker als helle.

abstinent (lat.)
enthaltsam, auf etwas ganz und gar verzichtend
Menschen, die keinen Alkohol trinken, leben abstinent.

abstrakt (lat.)
nicht greifbar, ohne unmittelbaren Bezug zur Wirklichkeit
abstrakte Kunst, abstrakte Ideen

abstrus (lat.)
schwer verständlich, verworren
Das ist eine abstruse Idee.

absurd (lat.)
ohne Sinn und Verstand, unlogisch, lächerlich, bescheuert
Das ist ein absurder Vorschlag.

der Abszess (lat.)
eitriges Geschwür

abtörnen, auch: **abturnen** (dt.; engl.)
die Stimmung verderben
Dein Verhalten törnt mich total ab.

das Accessoire (franz.) !
modisches Zubehör zur Kleidung
Handschuhe, Gürtel und Handtaschen sind Accessoires.

das Acryl (griech.)
eine Sorte Kunststoff
Acryl ist in vielen Stoffen und Farben enthalten.

die Action (engl.) !
ereignisreiche, aufregende, manchmal auch gewalttätige Handlung
Hier ist mir zu viel Action!

der Adapter (lat. ▷ engl.)
Verbindungsteil zwischen zwei verschiedenen Anschlüssen
Um meinen PC an den Fernseher anzuschließen, brauche ich einen Adapter.

adaptieren (lat. ▷ franz.)
anpassen, bearbeiten, übernehmen
Das erfolgreiche Kinderbuch wurde für einen Film adaptiert.

addieren (lat. ▷ franz.)
zusammenzählen, hinzufügen

das Add-on (engl.)
Hilfsprogramm, das die Fähigkeit eines Computers erweitert
ein Add-on installieren

ad hoc (lat.)
aus dem Augenblick heraus, ohne lange nachzudenken
Ich entscheide mich ad hoc.

adipös (lat.)
stark übergewichtig

das Adjektiv (lat.)
Eigenschaftswort, Wiewort

die Adoleszenz (lat.)
Jugendalter, besonders zwischen dem 17. und 20. Lebensjahr

adoptieren (lat. ▷ franz.)
ein Kind als ein eigenes annehmen
Sie adoptierten ihren Sohn, als er zehn Jahre alt war.

die Adresse (franz.)
Anschrift, Angabe der Wohnung
Er ändert ständig seine Adresse, weil er so oft umzieht.

das Adverb (lat.)
Umstandswort

die Affäre (franz.)
* unangenehme Angelegenheit
Sie zog sich geschickt aus der Affäre.
* Liebesabenteuer
In der Klatschpresse wird oft darüber berichtet, wer mit wem eine Affäre hat.

der Affekt (lat.)
heftige Erregung, seelische Anspannung
Die Tat geschah im Affekt.

das Aftershave (engl.)
Gesichtswasser, das nach dem Rasieren aufgetragen wird
Sein Aftershave riecht gut.

der Agent (lat. ▷ ital.)
* Spion
Der Agent erfüllte seinen geheimen Auftrag unbemerkt.
* jemand, der Künstler oder Sportler beruflich vermittelt
Der Agent vermittelte den Schauspieler an ein Theater.

die Agentur (lat.)
* Büro eines Agenten
Diese Agentur vertritt junge Schriftsteller.
* Büro, in dem Nachrichten aus aller Welt gesammelt und an Presse, Rundfunk und Fernsehen weitergeleitet werden
Nach der Wahl des Präsidenten liefen bei der deutschen Presseagentur die Drähte heiß.

aggressiv (lat. ▷ franz.)
feindselig, angriffslustig, gewalttätig
Tiere in Gefangenschaft werden häufig aggressiv.

agieren (lat.)
handeln, tätig sein
Wir konnten bei der Planung des Klassenfestes völlig selbstständig agieren.

agil (lat. ▷ franz.)
beweglich, gewandt, flink
Meine Oma ist noch sehr agil.

das Aids (engl.) !
Kurzwort für: „acquired immune deficiency syndrom“; Immunschwächekrankheit
Gegen Aids gibt es Medikamente, die die Krankheit nicht heilen, aber mildern.

air..., Air... (engl.) !
Luft
Airbag, Airconditioning, Airline

der Airbag (engl.) !
Luftkissen in Autos, das sich bei einem Zusammenstoß automatisch aufbläst

das Airconditioning,
auch: **Air-Conditioning** (engl.) !
Klimaanlage

die Airline (engl.) !
Fluggesellschaft

akut

die Akademie
(griech. ▷ lat. ▷ franz.)
Bildungsstätte
In unserer Stadt gibt es eine Musik- und eine Kunstakademie.

die Akademikerin
(griech. ▷ lat. ▷ franz.)
jemand mit einer abgeschlossenen Hochschulausbildung
Sie ist die erste Akademikerin in ihrer Familie.

akademisch (griech. ▷ lat. ▷ franz.)
wissenschaftlich, trocken
Dem Gespräch konnte ich nicht folgen. Es war mir zu akademisch.

sich akklimatisieren (lat. ▷ franz.)
sich an ein Klima gewöhnen, sich eingewöhnen
Nach zwei Tagen in den Bergen hatten wir uns akklimatisiert.

der Akkord (lat. ▷ franz.)
* Zusammenklang von mindestens drei Tönen mit verschiedenen Tonhöhen
Auf der Gitarre übe ich immer wieder die Akkorde.
* Bezahlung nach Stückzahl
Man muss schnell arbeiten, wenn man nach Akkord bezahlt wird.

der Akku (lat.)
Kurzwort für: Akkumulator; Gerät zur Speicherung von elektrischer Energie
Der Akku meines Handys ist leer.

akkurat (lat.)
sorgfältig, ordentlich
Papas Krawatte sitzt akkurat.

der Akkusativ (lat.)
Wenfall, 4. Fall

die Akne (griech. ▷ lat.)
dauerhaft entzündete Pusteln, Pickel
Akne tritt oft in der Pubertät auf.

der Akrobat (griech.)
jemand, der turnerische oder tänzerische Übungen besonders gut beherrscht
Im Zirkus gefielen mir die Akrobaten am Trapez am besten.

der Akt (lat.)
* Vorgang, feierliche Handlung
Die Einschulung war ein feierlicher Akt.
* Abschnitt eines Bühnenstückes
Im dritten Akt wurde das Stück spannend.
* Darstellung des nackten menschlichen Körpers
Kunststudenten lernen Akte zu zeichnen.

die Akte (lat.)
Sammlung von Schriftstücken, die zusammengehören
eine Akte führen

die Aktie (lat. ▷ niederl.)
Anteilschein am Kapital einer Firma, mit dem man an der Börse Geld verdienen oder verlieren kann
Er verkaufte seine Aktien zu einem günstigen Zeitpunkt.

die Aktion (lat. ▷ franz.)
gemeinsames Vorgehen
Heute um 15:00 Uhr:
Aktion „Sauberer Schulhof"

aktiv (lat.)
tatkräftig, zielstrebig, lebhaft
Es gibt Tiere, die sind nur nachts aktiv.

aktivieren (lat. ▷ franz.)
in Gang bringen
Sie hat die Alarmanlage wieder aktiviert.

aktualisieren (lat. ▷ franz.)
etwas auf den neuesten Stand bringen
eine Website aktualisieren

aktuell (lat. ▷ franz.)
* gerade jetzt interessant, zeitgemäß
aktuelle Nachrichten
* jetzt vorhanden, gültig
aktueller Punktestand

die Akustik (griech.)
Wirkung von Klang und Tönen
Der Raum hatte eine so gute Akustik, dass wir alles hören konnten.

akustisch (griech.)
klanglich, mit dem Gehör wahrnehmbar
Meine Erzählung wurde von Tina akustisch mit der Gitarre untermalt.

akut (lat.)
* dringend
akute Probleme
* plötzlich, heftig auftretend
akute Schmerzen

der Akzent (lat.)
Aussprache
Er spricht Deutsch mit französischem Akzent.

akzeptabel (lat. ▷ franz.)
annehmbar, brauchbar
ein akzeptabler Vorschlag

akzeptieren (lat. ▷ franz.)
einverstanden sein, zustimmen
eine Entschuldigung akzeptieren

der Alarm (lat. ▷ ital.)
Warnung bei Gefahr, Aufregung, Beunruhigung
falscher Alarm

alarmieren (lat. ▷ ital. ▷ franz.)
* Person oder Einrichtung zu Hilfe rufen
die Feuerwehr alarmieren
* warnen, beunruhigen
Manche Nachrichten alarmieren die Menschen.

der Albino (lat. ▷ span.)
Menschen oder Tiere, bei denen Farbstoffe in Haut, Haar und Augen fehlen
Der weiße Tiger ist ein Albino.

das Album (lat.)
* eine Art Buch, in das etwas hineingeklebt oder geschrieben wird
das Fotoalbum meiner Oma
* Veröffentlichung mehrerer Titel eines Künstlers, z. B. auf einer CD
das coole Album meiner Band

das Alibi (lat.)
Beweis eines Verdächtigen, dass er sich zur Tatzeit nicht am Tatort befand
Er hatte ein wasserdichtes Alibi.

der Alkohol (arab. ▷ span.)
* chemische Verbindung, die z. B. in Bier, Wein und Schnaps enthalten ist
Durch Gärung von zuckerhaltigen Säften entsteht Alkohol.
* Sammelname für alle alkoholischen Getränke
Alkohol wird an Kinder und Jugendliche unter 18 Jahren nicht verkauft.

die Alkoholikerin (arab. ▷ span.)
Frau, die nicht aufhören kann, Alkohol zu trinken
Alkoholikerinnen sind suchtkranke Menschen.

die Allee (franz.)
Straße, an der auf beiden Seiten Bäume stehen

die Allergie (griech.)
überempfindliche Reaktion, z. B. auf Pollen, Staub, Lebensmittel

allergisch (griech.)
* Allergien betreffend
Meine Schwester reagiert allergisch auf Gräser.
* eine Abneigung empfindend
Ich reagiere allergisch auf ihr Getue.

all-inclusive (engl.; lat. ▷ engl.) !
alles ist im Preis eingeschlossen
Touristikunternehmen werben mit All-inclusive-Angeboten.

das Almosen (griech. ▷ lat.)
milde Gabe, kleine Spende für Bedürftige

alphabetisch (griech. ▷ lat.)
nach dem Abc geordnet
Unsere Namen sind in der Klassenliste alphabetisch geordnet.

der Altar (lat.)
eine Art Tisch in Gotteshäusern
Der Priester kniet vor dem Altar.

die Alternative (lat. ▷ franz.)
Wahl zwischen zwei oder mehreren Möglichkeiten
Wir mussten bei der Wahl der AG eine Alternative ankreuzen.

der Amateur (franz.) !
jemand, der eine Tätigkeit nur in der Freizeit, nicht berufsmäßig ausübt
Er spielt bei den Amateuren, er ist noch kein Profi.

die Ambition (lat. ▷ franz.)
Ehrgeiz, ein hochgestecktes Ziel zu erreichen
Schon früh waren seine sportlichen Ambitionen erkennbar.

ambulant (lat. ▷ franz.)
nicht an einen Ort gebunden, nicht stationär
Florian wurde ambulant behandelt und musste nicht ins Krankenhaus.

die Ambulanz (lat. ▷ franz.)
* Station für ambulante ärztliche Behandlungen
* Rettungswagen, Krankentransportwagen

die Amnestie (griech. ▷ lat.)
Straferlass oder Milderung der Strafe
Der Präsident erließ eine Amnestie für politische Gefangene. Amnesty International begrüßte dies.

der Amoklauf (malai.; dt.)
wahlloses Töten mit einer Waffe
Der Amoklauf eines Schülers erschütterte die ganze Stadt.

die Amphibie (griech. ▷ lat.)
im Wasser und an Land lebendes Kriechtier, z. B. Frosch und Kröte

die Ampulle (lat.)
kleiner Glasbehälter, z. B. für Flüssigkeiten, die unter die Haut gespritzt werden
In der Apotheke kauft Opa die Ampullen für seine Spritzen.

die Amputation (lat. ▷ franz.)
Operation, bei der ein Körperteil abgetrennt wird
Bei schlimmen Verletzungen ist manchmal eine Amputation nötig.

sich amüsieren (franz.)
seinen Spaß haben, sich vergnügen
Ich amüsierte mich köstlich.

analysieren (griech. ▷ lat. ▷ franz.)
untersuchen, etwas zerlegen
einen Fall gründlich analysieren

die Anarchie (griech.)
Zustand der Herrschaftslosigkeit, Gesetzlosigkeit, Chaos
Nach dem Sturz des Diktators herrschten Bürgerkrieg und Anarchie.

die Anästhesistin (griech.)
Narkoseärztin
Die Anästhesistin sorgt dafür, dass man bei einer Operation keinen Schmerz empfindet.

die Anatomie (griech. ▷ lat.)
* Aufbau des Körpers von Lebewesen
die Anatomie des Menschen
* Wissenschaft vom Aufbau des Körpers von Lebewesen
eine Prüfung in Anatomie machen

andocken (dt.; engl.)
ein Raumfahrzeug an ein anderes ankoppeln

die Anekdote (griech. ▷ franz.)
kurze, oft witzige Geschichte
eine Anekdote über eine Lehrerin erzählen

animalisch (lat.)
tierisch, triebhaft, enthemmt
animalisches Verhalten

die Animation (lat. ▷ franz.)
* Technik zur Belebung oder Bewegung von Bildern oder Figuren
Die Computeranimationen in diesem Film sehen sehr echt aus.
* Freizeitgestaltung in einem Ferienklub
Eine tolle Animation in einem Ferienklub, das hat schon was!

animieren (lat. ▷ franz.)
* anregen, ermuntern
Der Dirigent animierte uns mitzusingen.
* eine Zeichnung technisch so bearbeiten, dass sie sich bewegt
Der Designer animierte einen Hund.

annektieren (lat. ▷ franz.)
sich etwas mit Macht aneignen
Die Römer annektierten große Teile Ägyptens.

die Annonce (franz.)
Zeitungsanzeige
Ich verkaufe mein Fahrrad über eine Annonce in unserer Zeitung.

anonym (griech. ▷ lat.)
namenlos, ungenannt, fremd
ein anonymer Anrufer

anorektisch (griech.)
magersüchtig

die Antenne (lat. ▷ ital.)
* Vorrichtung zum Senden oder Empfangen, z. B. von Radio- oder Fernsehsendungen
eine eingebaute Antenne
* Fühler
Krebse und Insekten können mit ihren Antennen fühlen und tasten.

anti..., Anti... (griech.)
gegen, gegenüber, entgegen
antiautoritär, Antipathie, antiquarisch

antiautoritär (griech.; franz.)
freiheitlich, ohne Zwang
Eine antiautoritäre Erziehung verzichtet auf Strafen.

antik (lat. ▷ franz.)
* auf das klassische Altertum zurückgehend
das antike Griechenland
* in altertümlichem Stil hergestellt
antike Möbel

die Antipathie (griech.)
Abneigung, Widerwillen
Anfangs hatte ich eine große Antipathie ihm gegenüber, jetzt sind wir Freunde.

antiquarisch (lat.)
gebraucht, alt
Manche Bücher kann man nicht mehr neu, sondern nur noch antiquarisch kaufen.

apart (franz.)
ausgefallen, geschmackvoll, reizend, anziehend
ein apartes Gesicht

apathisch (griech. ▷ lat.)
teilnahmslos
Sie lag apathisch auf dem Bett.

der Apostroph (griech. ▷ lat.)
Auslassungszeichen

die Apotheke (griech. ▷ lat.)
Geschäft, in dem Arzneimittel verkauft und teilweise auch hergestellt werden

der Appell (franz.)
* Aufruf, Mahnruf
Der Appell an die ganze Welt war: Helft!
* Aufstellung
Die Soldaten wurden zum Appell gerufen.

die Antenne

das Arrangement

appellieren (franz.)
sich mit einer Aufforderung an jemanden wenden
an die Vernunft appellieren

der Appetit (lat.)
Lust, Wunsch, etwas zu essen oder zu trinken
Ich habe Appetit auf Bananen.

appetitlich (lat.)
appetitanregend, köstlich, lecker, frisch aussehend
Das Pausenbrot sieht sehr appetitlich aus.

der Applaus (lat.)
Beifall, Händeklatschen

apportieren (lat. ▷ franz.)
Gegenstände herbeibringen
Der Hund apportierte das Stöckchen mit Freude.

das Après-Ski (franz.; norw.) !
gemütliches Zusammensein nach dem Skifahren im Winterurlaub
Wir treffen uns zum Après-Ski in der Hütte.

apropos (franz.) !
nebenbei bemerkt, übrigens
Apropos Gesundheit: Wie gehts Tante Mira?

aqua…, Aqua… (lat.)
Wasser
Aquädukt, Aquaplaning, Aquarell

der/das Aquädukt (lat.)
altes steinernes, brückenartiges Bauwerk mit einer Rinne, in der Wasser weitergeleitet wurde
ein römischer Aquädukt

das Aquaplaning (lat.; engl.)
Wasserglätte, die bei regennasser Straße entsteht und auf der Autos ins Rutschen kommen können

das Aquarell (lat. ▷ ital.)
mit wasserlöslichen Farben gemaltes Bild

der Äquator (lat.)
gedachte Linie, die die Erde in eine nördliche und südliche Halbkugel teilt
Am Äquator gibt es keine Jahreszeiten.

die Ära (lat.)
ein prägender Zeitabschnitt
die Ära der französischen Könige

der Archäologe (griech.)
Altertumsforscher
Archäologen fanden bei Ausgrabungen die Reste eines uralten Grabes.

die Architektin (griech. ▷ lat.)
Baumeisterin
Die Architektin, die unsere neue Turnhalle gebaut hat, erstellte die Baupläne und überwachte sämtliche Bauarbeiten.

das Archiv (griech. ▷ lat.)
Einrichtung, in der wichtige Dokumente und Akten aufbewahrt werden
das Archiv für Stadtgeschichte

das Argument (lat.)
Begründung, warum man etwas für richtig oder falsch hält
Dieses Argument überzeugt mich.

argumentieren (lat.)
begründen, Argumente vorbringen

die Arie (lat. ▷ ital.)
Gesangstück für Solo und Begleitung, z. B. in einer Oper

die Arkade (lat. ▷ ital. ▷ franz.)
Bogen, Bogenreihe, Bogengang
Der Marktplatz ist von Arkaden umgeben.

das Armaturenbrett (lat.; dt.)
Schalttafel, Anzeigetafel
Auf dem Armaturenbrett des Autos blinken Schalter und Knöpfe.

die Armee (franz.)
bewaffnete Streitmacht eines Landes
die französische Armee

das Aroma (griech. ▷ lat.)
* Geschmack, Duft
Kaffeepulver verliert schnell sein Aroma.
* natürlicher oder künstlicher Geschmacksstoff für Lebensmittel
Ich mag Brause mit Kirscharoma.

das Arrangement (franz.) !
* Zusammenstellung
im Reisebüro ein preiswertes Arrangement für Familien buchen
* Vereinbarung, Abmachung
in einer Verhandlung ein Arrangement treffen, das allen Seiten nützt
* Bearbeitung eines Musikstückes für andere Instrumente
das Arrangement eines Liedes

der Arrest (lat.)
Freiheitsentzug, Haft
Die Zeiten sind vorbei, in denen Eltern ihre Kinder mit Hausarrest bestraften.

das Arrival (engl.) !
Ankunft

arrogant (lat. ▷ franz.)
überheblich, eingebildet, hochnäsig, anmaßend
eine arrogante Person

der Artikel (lat.)
* Geschlechtswort
Es gibt bestimmte und unbestimmte Artikel.
* Ware, Handelsgegenstand
Auf alle Artikel 10 % Preisnachlass!
* Beitrag in einer Zeitung
einen Artikel schreiben

die Artikulation (lat. ▷ franz.)
deutliche Aussprache

der Artist (lat. ▷ franz.)
Zirkuskünstler

asketisch (griech. ▷ lat.)
anspruchslos, enthaltsam
asketisch leben

der Aspekt (lat.)
Sichtweise, Gesichtspunkt

der Asphalt (griech. ▷ lat. ▷ franz.)
Straßenbelag
Schlaglöcher im Asphalt

das Ass (lat. ▷ franz.)
* höchste Karte im Kartenspiel
Er zog ein Ass aus dem Ärmel.
* Spitzenkönner, der Beste
Auf seinem Gebiet ist er ein Ass.
* Aufschlagball, der vom Gegner nicht zurückgeschlagen werden kann
Mit einem Ass entschied er das Match für sich.

der Assistent (lat.)
Helfer, Hilfskraft
Der Assistent hilft seiner Chefin bei der Vorbereitung einer Rede.

assoziieren (lat. ▷ franz.)
in Gedanken etwas miteinander verknüpfen, verbinden
Ich assoziiere den Geruch von Schokokuchen immer mit meinem Geburtstag.

ästhetisch (griech.)
geschmackvoll, ansprechend, gepflegt, schön

das Asthma (griech.)
anfallsweise auftretende Atemnot

astro..., Astro... (griech.)
Stern, Weltraum
Astronautin, Astronomie, astronomisch

die Astronautin (griech.)
Weltraumfahrerin

die Astronomie (griech.)
Stern- und Himmelskunde

astronomisch (griech.)
* sternkundlich
* groß, riesig, unvorstellbar

das Asyl (griech. ▷ lat.)
Unterkunft, Zufluchtsort, Aufnahme und Schutz für Verfolgte
Er bat um politisches Asyl.

asymmetrisch (griech.)
ungleichmäßig
Die Figur ist asymmetrisch.

das Atelier (franz.) !
Arbeitsraum eines Künstlers
Der Bildhauer arbeitet in seinem Atelier.

die Atheistin (griech.)
Frau, die nicht an Gott glaubt

der Athlet (griech. ▷ lat.)
Leistungssportler, Wettkämpfer

athletisch (griech. ▷ lat.)
muskulös, drahtig

der Atlas (griech.)
Buch mit Landkarten

die Astronautin

die Atmosphäre (griech.)
* Lufthülle der Erde
der Wiedereintritt in die Erdatmosphäre
* Stimmung, Ausstrahlung
eine lockere Atmosphäre

das Atom (griech. ▷ lat.)
kleinste Einheit, in die alles Stoffliche zerlegt werden kann

die Attacke (franz.)
Angriff, Überfall
Achtung, die Seeräuber kommen! Attacke!

das Attentat (lat. ▷ franz.)
Anschlag auf einen Politiker oder eine andere Person
Die Präsidentin fiel einem Attentat zum Opfer.

das Attest (lat.)
ärztliche Bescheinigung über eine Krankheit
Der Arzt stellt Susi ein Attest aus.

die Attraktion (lat. ▷ engl. ▷ franz.)
herausragendes Ereignis, Besonderheit
Der Kinderzirkus war die Attraktion beim Schulfest.

attraktiv (lat. ▷ franz.)
* verlockend, verführerisch
ein attraktives Angebot
* gut aussehend
ein attraktiver Mann

die Attrappe (germ. ▷ franz.)
Nachbildung, die täuschend echt aussieht
Der Bäcker legt statt echter Brötchen Attrappen ins Schaufenster.

die Audienz (lat.)
Empfang bei einer hochgestellten Persönlichkeit
um eine Audienz beim Papst bitten

auditiv (lat.)
zum Gehörsinn gehörend, mit dem Gehörsinn besonders begabt
ein auditiver Lerntyp

die Auktion (lat.)
Versteigerung

die Aula (griech. ▷ lat.)
großer Raum für Versammlungen in einer Schule oder Universität

das Au-pair-Mädchen (franz.; dt.) (!)
junge Frau, die gegen Unterkunft, Verpflegung und Taschengeld in einem Haushalt im Ausland arbeitet und die Sprache erlernt

auschecken (dt.; engl.) (!)
Formalitäten, z. B. bei der Abreise aus einem Hotel, erledigen

sich ausloggen (dt.; engl.)
sich abmelden, z. B. aus einem Computernetzwerk

austricksen (dt.; franz. ▷ engl.)
überlisten, täuschen
Die Gauner tricksten ihre Verfolger aus.

authentisch (griech. ▷ lat.)
glaubwürdig, echt, zuverlässig
eine authentische Persönlichkeit

der Autismus (griech. ▷ lat.)
Verhaltensstörung, bei der die Fähigkeit, mit anderen Kontakt aufzunehmen, eingeschränkt ist

auto..., Auto... (griech.)
selbst, eigen, persönlich
Autogramm, Automat, autonom

das Auto (griech. ▷ lat.)
Kurzwort für: Automobil; Kraftfahrzeug

autogenes Training
(griech.; engl.) (!)
Entspannungsmethode

das Autogramm (griech.)
eigenhändig geschriebener Name
Pit sammelt Autogramme von Fußballspielern.

der Automat (griech. ▷ franz.)
Gerät, das automatisch eine Arbeit verrichtet
Fahrkartenautomat, Spielautomat, Verkaufsautomat, Kaffeeautomat

automatisch (griech. ▷ franz.)
ohne weiteres Zutun, von selbst
Die Tür öffnet sich automatisch.

autonom (griech.)
selbstständig, unabhängig
ein autonomer Staat, autonom handeln

der Autopilot
(griech.; ital. ▷ franz.)
automatische Steuerungsanlage, z. B. in Flugzeugen, Raketen
Der Pilot stellte bei der Landung den Autopiloten aus.

die Autopsie (griech.)
Untersuchung des menschlichen Körpers, z. B. zur Feststellung der Todesursache
eine Autopsie vornehmen

die Autorin (lat.)
Schriftstellerin, Verfasserin
Die Autorin las aus ihrem neuen Buch vor.

autoritär (lat. ▷ franz.)
streng, unbedingten Gehorsam fordernd, diktatorisch
ein autoritärer Erziehungsstil

die Autorität (lat.)
* Durchsetzungskraft, Ansehen
Der Präsident besaß eine hohe Autorität.
* einflussreiche Persönlichkeit von hohem Ansehen
Er war eine Autorität auf seinem Gebiet.

die Aversion (lat. ▷ franz.)
Abneigung, Widerwille, Abscheu
Manche Menschen haben eine starke Aversion gegen Spinnen, andere sind von ihnen fasziniert.

der Award (engl.)
von einer Jury vergebener Preis
Ihr wurde der Award für ihr neuestes Buch verliehen.

B

das Baby (engl.)
Säugling, Kleinkind

der Babysitter (engl.)
Person, die auf kleine Kinder aufpasst, wenn die Eltern nicht zu Hause sind

der Background (engl.)
* Herkunft, Erfahrung
Von ihrem Background her ist sie die richtige Person für dieses Amt.
* Hintergrund
Background-Sängerinnen

backstage (engl.)
hinter der Bühne, hinter den Kulissen
Nach dem Konzert durfte er backstage gehen.

das/der Back-up,
auch: **Backup** (engl.)
Datensicherung
Vorsichtshalber machte ich ein Back-up von meinem Referat.

die Bagatelle (ital. ▷ franz.)
unbedeutende Kleinigkeit
Halte dich nicht mit dieser Bagatelle auf!

bagatellisieren (ital. ▷ franz.)
als unbedeutend hinstellen, verharmlosen, herunterspielen
Sie bagatellisierte den Wutanfall.

die Bakterie (griech. ▷ lat.)
winzig kleines Lebewesen, Krankheitserreger
Manche Krankheiten werden durch Bakterien übertragen.

balancieren (franz.)
Gleichgewicht halten
Sie balancierte geschickt einen Besenstil.

der Baldachin (ital.)
eine Art Dach aus Stoff
Über dem Thron war ein prunkvoller Baldachin befestigt.

die Ballerina (lat. ▷ ital.)
Balletttänzerin

das Ballett (lat. ▷ ital.)
* Tanzkunst
Ich habe Ballettunterricht.
* Tanzvorstellung auf der Bühne
Wir sehen uns ein Ballett an.
* Bezeichnung für die Tanzgruppe
Wir wollen das Ballett an unserem Theater behalten.

der Ballon (franz.)
* Gummihülle, die mit Luft oder Gas gefüllt ist
Luftballons fliegen lassen
* Luftfahrzeug
eine Ballonfahrt mitmachen

banal (franz.)
alltäglich, einfach
Das war eine banale Geschichte.

die Banalität (franz.)
unwichtige Sache, bedeutungslose Angelegenheit
Sie äußerte nur Banalitäten.

die Band (engl.)
Gruppe aus Musikern
Er spielt Gitarre in einer Rockband.

die Bandage (franz.)
Stütz- oder Schutzverband
Beim Boxen werden die Handgelenke durch Bandagen geschützt.

die Bande (franz.)
Rand, Einfassung
Beim Eishockey wird viel über die Bande gespielt.

der Bandit (ital.)
Verbrecher, Straßenräuber
Die Kutsche wurde von Banditen überfallen.

der Banker (engl.)
Bankfachmann, jemand, der in einer Bank arbeitet

das Bankett (ital.)
Festmahl, Festessen
Beim Staatsbesuch trafen sich die Politiker bei einem Bankett.

der Bankomat (griech. ▷ franz.)
Kurzwort aus: „Bank“ und „Automat“; Geldautomat
Am Bankomaten kann man jederzeit Geld abheben.

bankrott (ital.)
zahlungsunfähig, pleite, finanziell am Ende
Die Firma war bankrott.

die Bar (franz. ▷ engl.)
Lokal, in dem vor allem Getränke angeboten werden
Nach dem Musical gingen meine Eltern noch in eine Bar.

barbarisch (griech. ▷ lat.)
grausam, wild
ein barbarisches Verbrechen

das Barbecue (amerik. ▷ span.)
Fest, bei dem gegrillt wird
Unsere Nachbarn laden einmal im Jahr zu einem Barbecue ein.

der Barcode (engl.)
Schrift aus verschieden breiten Strichen zur Beschriftung von Waren, die von Maschinen gelesen werden kann
Die Kassiererin scannt den Barcode einer Packung Müsli ein.

das Barometer (engl.)
Luftdruckmesser

das Barrel (engl.)
englisches Maß für den Inhalt von Fässern und Tonnen
Das Barrel Rohöl kostet zurzeit etwa 80 Dollar.

die Barriere (franz.)
Schranke, Hindernis
eine unüberwindliche Barriere

barrierefrei (franz.; dt.)
ohne Hindernisse, für Rollstühle oder Kinderwagen leicht zugänglich
barrierefrei zu den Bahnsteigen kommen, barrierefrei wohnen

die Barrikade (franz.)
Straßensperre bei Straßenkämpfen
Die Polizei errichtete Barrikaden.

der Basar, auch: **Bazar** (pers. ▷ franz.)
* Händlerviertel in orientalischen Städten
Sie kaufte einen Teppich im Basar.
* Verkauf für gute Zwecke
Beim Weihnachtsbasar nahm unsere Klasse 270 Euro ein.

der/das Baseball (engl.; dt.) !
* amerikanisches Schlagballspiel
* beim Schlagballspiel verwendeter Ball

die Basis (griech. ▷ lat.)
* Ausgangspunkt, Grundlage, auf der man aufbaut
Eine gute Schulausbildung ist eine solide Basis fürs Leben.
* Ausgangspunkt, Stützpunkt
Die Bergsteiger errichten ein Basislager.

der Basketball

der Basketball (engl.; dt.)
* Ballspiel
* beim Basketballspiel verwendeter Ball

basta! (ital.)
genug! Schluss!
Keine Widerrede – basta!

batiken (malai.)
unter Verwendung von Wachs oder durch Abbinden einen Stoff mit einem Muster versehen und färben

die Batterie (lat. ▷ franz.)
* Stromspeicher
Die Batterie meiner Taschenlampe ist leer.
* große Anzahl von gleichen Gegenständen
Vor der Tür steht eine ganze Batterie leerer Flaschen.

der Bazillus oder **die Bazille** (lat.)
Krankheitserreger
In Räumen mit vielen Menschen wimmelt es von Bazillen.

der Beamer (engl.) !
Gerät, mit dem man ein Computerbild auf einer Fläche abbilden kann
Für meine Präsentation brauche ich einen Beamer.

das Benefizkonzert (lat.)
Wohltätigkeitskonzert
Das Benefizkonzert zugunsten der Erdbebenopfer brachte sehr viele Spenden.

das Benzin
Kraftstoff für Motoren

bestialisch (lat.)
unmenschlich, brutal, grausam
eine bestialische Tat

die Bestie (lat.)
wildes, gefährliches Tier, Monster

der Bestseller (engl.)
etwas, was sehr gut verkauft wird
Das Kinderbuch war monatelang ein Bestseller.

der Bezirk (lat.)
Bereich, Gebiet, Stadtteil

der Biathlon (lat.; griech.)
Wintersportart, eine Kombination aus Skilanglauf und Scheibenschießen

die Bibliothek (griech. ▷ lat.)
Aufbewahrungsort für eine geordnete Sammlung von Medien
Ich habe einen Ausweis für unsere Stadtteilbibliothek. Für die Bibliothek meines Opas brauche ich keinen.

das Bike (engl.) !
Kurzwort für: „bicycle“; Fahrrad, Motorrad
Sie ist häufig mit ihrem Bike unterwegs.

der Bikini
zweiteiliger Badeanzug

die Bilanz (lat. ▷ ital.)
Ergebnis, abschließender Überblick
Die erste Bilanz unseres Schülercafés kann sich sehen lassen.

bilingual (lat.)
zweisprachig
Jessi wächst bilingual auf, weil ihre Mutter mit ihr deutsch und ihr Vater mit ihr italienisch spricht.

das Billard (franz.) !
Kugelspiel, bei dem die Kugeln mit einem Stock gestoßen werden

bio..., Bio... (griech.)
das Leben betreffend, natürlich
Biobauer, biodynamisch, Biografie

der Biobauer (griech; dt.)
Landwirt, der seinen Hof möglichst naturnah bewirtschaftet

biodynamisch (griech.)
nur mit natürlichen Düngemitteln gedüngt
biodynamisches Gemüse

die Blamage

die Biografie, auch: **Biographie** (griech.)
* Beschreibung der Lebensgeschichte einer Person
Ich lese gerne Biografien von berühmten Frauen.
* Lebensablauf eines Menschen
Er hat eine aufregende Biografie.

die Biologie (griech.)
Lehre von der belebten Natur, von Menschen, Tieren und Pflanzen; Schulfach

biologisch (griech.)
die Biologie betreffend, natürlich, unbehandelt
Der Biobauer stellt biologisch angebaute Produkte her.

der/das Biotop (griech.)
ein bestimmter Lebensraum
An unserem Schulteich entstand ein kleiner Biotop.

das Bistro (franz.)
kleines Lokal
In der Mittagspause geht sie oft in ein Bistro.

das Bit (engl.)
Kurzwort für: „binary digit"; Zeichen: bit; kleinste Einheit für Datenmenge beim Computer, 8 bit = 1 B (Byte)

der Bizeps (lat.)
Muskel am Oberarm
Stolz krempelte Papa den Ärmel hoch und zeigte uns seinen Bizeps.

die Blackbox,
auch: **Black Box** (engl.) !
Flugschreiber
Nach einem Absturz wird die Blackbox gesucht.

die Blamage (franz.) !
etwas, was für den Betreffenden peinlich und beschämend ist
So eine Blamage!

sich blamieren (franz.)
sich lächerlich machen
Er blamierte sich schrecklich.

der Blazer (engl.) !
Herren- oder Damenjacke
Unsere Kanzlerin trägt meistens einfarbige Blazer.

die Blessur (franz.)
Verletzung, Schramme, Wunde
Beim Schlittenfahren zogen wir uns kleinere Blessuren zu.

der Blizzard (engl.) !
Schneesturm

die Blockade (franz.)
* Abriegelung, Sperrung, Abwehr
Die Demonstranten errichteten eine Sitzblockade.
* Einschränkung bestimmter Funktionen
Der Masseur löste eine Blockade in der Schulter.

der Blockbuster (engl.) !
Publikumserfolg, Hit, Renner

blockieren (niederl. ▷ franz.)
* versperren
Die Straße war durch den umgestürzten Baum blockiert.
* abwehren, durchkreuzen
Die Gegenpartei blockierte die Abstimmung.
* die Funktion hemmen
Meine Gedanken sind blockiert.

das/der Blog (engl.)
Kurzwort aus: „web" (Netz) und „logbook" (Logbuch); öffentlich zugängliche Webseite, die wie ein Tagebuch geführt wird
Kai informiert uns in seinem Blog täglich über seinen Aufenthalt in Amerika.

bloggen (engl.)
an einem Blog schreiben, mitschreiben

der Bluff (engl.)
dreiste, bewusste Täuschung
Das Angebot war ein großer Bluff.

bluffen (engl.)
bewusst irreführen, täuschen
Beim Kartenspielen blufft er seinen Gegner.

der Body (engl.) (!)
Kurzwort für: „Bodysuit"; eng anliegende einteilige Unterkleidung

das Bodybuilding (engl.) (!)
Muskeltraining mit Geräten
Bodybuilding baut Muskeln auf.

die Bodylotion (engl.) (!)
Körperpflegemilch
Bodylotions enthalten meistens Duftstoffe.

bombardieren (franz.)
* Bomben abwerfen
Im Krieg werden Städte bombardiert.
* intensiv nachfragen, überschüttet werden
Der Politiker wurde mit Fragen bombardiert.

bombastisch
(pers. ▷ griech. ▷ lat. ▷ franz.)
überladen, mit viel Aufwand
Das war eine bombastische Feier.

die Bombe (franz. ▷ ital.)
Sprengkörper

der Bon (franz.) (!)
* Gutschein für Speisen oder Getränke
Beim Schulfest wurden Bons ausgeteilt.
* Kassenzettel
Brauchen Sie den Kassenbon?

der/das Bonbon (franz.) (!)
Süßigkeit
Lutschbonbons lutscht man und Knallbonbons lässt man knallen.

das Booklet (engl.) (!)
bedruckte Einlage, z. B. in einer CD-Hülle
ein Booklet gestalten

der Boom (engl.) (!)
plötzliches großes Interesse an etwas, wirtschaftlicher Aufschwung
Der Ökostrom erlebt einen Boom.

der Bordcomputer (dt.; engl.) (!)
Computer an Bord von Flugzeugen, Autos oder Raumschiffen
Der Bordcomputer zeigte einen Schaden an.

borniert (franz.)
engstirnig, unbelehrbar, stur
Du bist so borniert, dass es kaum auszuhalten ist!

die Börse (niederl.)
* Markt, auf dem mit Wertpapieren gehandelt wird
Die Börse schließt am Wochenende mit einem Minus.
* Geldbeutel
Wo ist meine Börse?

der Boss (niederl. ▷ engl. ▷ amerik.)
jemand, der in einem Unternehmen oder in einer Gruppe bestimmt, was getan wird
Er ist der Boss der Firma.

die Botanik (griech. ▷ lat.)
Pflanzenkunde

die Bouillon (franz.)
Kraft-, Fleischbrühe

die Boutique (franz.)
kleines Modegeschäft

das Bowling (engl.)
amerikanisches Kegelspiel mit zehn Kegeln

die Box (lat. ▷ engl.)
kastenförmiger Behälter, eine Art Stall
Frühstücksbox, Pferdebox

boxen (engl.)
mit den Fäusten kämpfen

die Boygroup (engl.)
Popgruppe aus jungen Männern

der Boykott (engl.)
politischer, wirtschaftlicher oder sozialer Ausschluss
einen Boykott gegen ein Land aussprechen

boykottieren (engl. ▷ franz.)
versuchen, etwas zu verhindern, indem man die Teilnahme verweigert
Die Sitzung des Gemeinderates wurde boykottiert.

brachial (lat.)
mit roher Körperkraft, gewaltig
brachiale Gewalt anwenden

das Brainstorming (engl.)
Sammeln von Ideen und Einfällen

die Branche (franz.)
Berufszweig, Tätigkeitsbereich
Sie arbeitet seit Längerem in der Computerbranche.

bravo! (ital.)
hervorragend! ausgezeichnet!

brachial

Breakdance

der Breakdance (amerik.)
rhythmisch-akrobatischer Tanz

brillant (franz.)
hervorragend, hochwertig
eine brillante Aussprache

der Brillant (franz.)
geschliffener Diamant
Der Brillant funkelt an ihrer Hand.

brisant (franz.)
hochaktuell, heikel
Besonders brisant war die Rede des Verteidigungsministers.

die Bronchitis (griech. ▷ lat.)
Entzündung der Luftwege
Kinder haben häufiger Bronchitis als Erwachsene.

die Broschüre (franz.)
dünnes Heft
In unserer Schulbroschüre stehen wichtige Informationen.

der Browser (engl.)
Computerprogramm, das das Surfen im Internet ermöglicht

der Brunch (engl.)
Kurzwort aus: „breakfast“ und „lunch“; spätes Frühstück, das das Mittagessen ersetzt
zum Brunch einladen

brüsk (ital. ▷ franz.)
unhöflich, barsch, schroff
Sie wies die Hilfe brüsk zurück.

brutal (lat.)
gefühllos, gewaltsam
Er schlug brutal auf sein Opfer ein.

die Brutalität (lat.)
Gewalttätigkeit
Sogar die Polizei war überrascht von der Brutalität der Täter.

brutto (lat. ▷ ital.)
ohne Abzug
Brutto sieht das Gehalt gut aus, nach Abzug der Steuern und Abgaben ist es bedeutend weniger.

der Buddhismus (sanskr. ▷ lat.)
eine der fünf Weltreligionen

das Budget (franz.)
Kostenplan, Voranschlag von Einnahmen und Ausgaben
Ein Filmproduzent achtet auf das Budget, das er für seinen Film hat.

das Büfett, auch: **Buffet** (franz.)
Tisch mit verschiedenen Speisen zur Selbstbedienung
ein Büfett mit türkischen Spezialitäten

der Buggy (engl.)
zusammenklappbarer Kinderwagen

bugsieren (lat. ▷ niederl. ▷ franz.)
mühevoll lenken, drängen
Sie bugsierten den Schrank in den vierten Stock.

die Bulimie (griech.)
Essstörung, Ess-Brech-Sucht
Menschen mit Bulimie leiden unter Heißhungerattacken. Um nicht zuzunehmen, erbrechen sie sich nach dem Essen.

der Bumerang (austr. ▷ engl.)
gebogenes Wurfholz
Die australischen Ureinwohner nutzten den Bumerang zur Jagd.

der Bungalow (Hindi ▷ engl.)
eingeschossiges Wohnhaus mit flachem Dach
Bungalowsiedlung

das Bungee-Jumping,
auch: **Bungeejumping** (engl.)
durch ein starkes Gummiseil gesichertes Springen kopfüber aus großer Höhe

der Bunker (engl.)
Raum zum Schutz für die Menschen im Krieg
Als die Bomben fielen, suchten die Menschen Zuflucht in einem Bunker.

bunkern (engl.)
etwas in großer Menge ansammeln, aufbewahren, hamstern
Das Eichhörnchen bunkerte Nüsse für den Winter.

das Burn-out,
auch: **Burnout** (amerik.)
Erschöpfungszustand
Wegen eines Burn-outs musste sich der Manager in einer Klinik behandeln lassen.

das Büro (lat. ▷ franz.)
Arbeitsraum, Dienststelle

bürokratisch (lat. ▷ franz.)
genau die Vorschriften einhaltend, pingelig
Manchmal geht es auf den Ämtern zu bürokratisch zu.

der Bus (lat. ▷ engl.)
Kurzwort für: Omnibus; Autobus

das Business (engl.)
Geschäft, Geschäftsleben
Businessleute erkennt man schon von Weitem an ihrer Kleidung.

der Button (engl.)
* runder Anstecker mit einer Aufschrift
Beim Schulfest stellten wir Buttons her.
* Schaltfläche zum Anklicken auf einem Bildschirm
Du musst mit der Maus auf diesen Button klicken.

das Byte (engl.)
Kurzwort aus: „bit“ und „eight“; Zeichen: B; Einheit für Datenmenge beim Computer, 8 bit (Bits) = 1 B

C

das Cabrio (lat. ▷ ital. ▷ franz.)
Kurzwort für: Cabriolet;
Auto mit aufklappbarem Dach
Ihre Mutter holte sie im Cabrio von der Schule ab.

die Cafeteria (span. ▷ amerik.)
Restaurant mit Selbstbedienung
In der Mittagspause essen die Schüler und Schülerinnen in der Cafeteria.

das Callcenter, auch: **Call-Center** (engl. ▷ amerik.)
Büro, zentrale Stelle, an der Anrufe entgegengenommen und bearbeitet werden
Er arbeitet im Callcenter eines Telefonanbieters.

das Camp (engl.)
Zelt- oder Ferienlager

die Campagne → Kampagne

canceln (engl.)
absagen, rückgängig machen, abbrechen
Alle Flüge mussten gecancelt werden.

der Caravan (pers. ▷ ital. ▷ engl.)
* Reisewohnwagen
Sie machen eine Reise im Caravan.
* Verkaufswagen
Er steht mit seinem Caravan auf dem Fischmarkt.

der/das Cartoon (engl.)
Karikatur, Geschichte in Bildern
Er ist ein begabter Cartoonzeichner.

cash (engl.)
bar, mit Bargeld
Er bezahlte die Rechnung cash.

das Casting (engl.)
Auswahlveranstaltung für eine Rollenbesetzung
zum Casting anmelden

das Catering (engl.)
Verpflegung mit Speisen und Getränken, Bewirtungsservice
Das Catering für die Hochzeit ist gut organisiert.

die CD-ROM (engl.)
Kurzwort für: „compact disk"-„read only memory"; Scheibe,
auf der Daten gespeichert werden
eine CD-ROM einlegen

der Cent (lat. ▷ franz. ▷ engl.)
Zeichen: c, ct; Münzeinheit des Euros und der Währungen weiterer Länder

der Champion (engl.)
Kurzwort: Champ; Sieger, Meister
In der Champions League kämpfen die besten europäischen Vereine gegeneinander.

die Chance (franz.)
* günstige Gelegenheit, Glücksfall
So eine Chance bietet sich nie wieder!
* Aussicht auf Erfolg
Er hat gute Chancen, den Schulabschluss zu erreichen.

das Chaos (griech. ▷ lat.)
Verwirrung, völliges Durcheinander
In seinem Zimmer herrschte Chaos.

chaotisch (griech. ▷ lat.)
wirr, ungeordnet
Nach dem Erdbeben ging es auf den Straßen chaotisch zu.

der Charakter (griech. ▷ lat.)
Wesen oder Eigenart eines Menschen oder Tieres
ein mieser Charakter, ein liebenswerter Charakter

charakteristisch (griech. ▷ lat.)
typisch, kennzeichnend für jemanden, für etwas
Charakteristisch für diese Landschaft sind die kleinen Hügel.

charmant (franz.) (!)
liebenswert, sympathisch, anziehend, anmutig
Sie führte charmant durchs Programm.

der Charme (franz.) (!)
liebenswürdige Wesensart, Anmut
Mit seinem Charme wickelte er seine Mutter um den Finger.

chartern (engl.) (!)
ein Flugzeug oder ein Schiff mieten
Reiseunternehmen chartern Flugzeuge samt der Mannschaft und bieten damit Charterreisen an.

die Charts (engl.) (!)
(Plural) Hitliste
Viele Sänger wünschen sich, dass ihre Titel in die Charts kommen.

der Chat (engl.) (!)
schriftlich geführtes Gespräch im Internet
sich für einen Chat verabreden, einen Chat führen

chatten (engl.) (!)
sich im Internet mit anderen schriftlich unterhalten
Wir chatten mit meiner Schwester in Australien.

der Chauffeur (franz.) (!)
Fahrer, Person, die berufsmäßig andere in einem Auto fährt
Mama muss mal wieder den Chauffeur für uns spielen.

der Check (engl.) (!)
Überprüfung, Kontrolle
Vor dem Abflug muss ein Check aller technischen Geräte durchgeführt werden.

checken (engl.) (!)
* nachprüfen, kontrollieren
Vor dem Radfahren checkt man besser Bremsen und Licht.
* verstehen, begreifen
Ich checkte die Bedienung der neuen Telefonanlage überhaupt nicht.

das/der Check-in (engl.) (!)
* Abfertigen des Fluggastes vor Beginn des Fluges
Wir beginnen jetzt mit dem Check-in für Flug Nr. 357.
* Anmeldung des Gastes im Hotel
Die Check-in-Zeit im Hotel beginnt nicht vor 11:00 Uhr.

Checkliste (engl.; dt.)
Kontrollliste
Auf einer Checkliste hake ich alles ab, was ich bereits erledigt habe.

der Chef (franz.)
Leiter, Vorgesetzter, Anführer
Chef einer Firma,
Chef einer Gruppe

die Chemie (arab. ▷ span. ▷ franz.)
Lehre von der Zusammensetzung und der Umwandlung der Stoffe, Schulfach

die Chemikalie (griech. ▷ lat.)
industriell hergestellter chemischer Stoff
Der Einsatz von Chemikalien wird streng überprüft.

die Chemotherapie (griech. ▷ lat.)
Behandlung von Krankheiten mit chemischen Mitteln
Krebs wird mit Chemotherapie bekämpft.

chic → **schick**

die Chiffre (arab. ▷ lat. ▷ franz.)
* Zeichen einer Geheimschrift
Die Geheimschrift besteht aus fünf Chiffren.
* Kennzahl in einer Zeitungsanzeige
Bitte schicken Sie eine Antwort auf meine Anzeige unter Chiffre AR 221243.

chillen (amerik.)
entspannen, abhängen
Meine Schwester hat nur eines im Kopf: quatschen und chillen.

der Chip (engl.)
* Spielmarke bei Glücksspielen
Beim Pokerspiel setzt man Chips ein.
* dünne, in Fett gebackene Kartoffelscheibe
Kartoffelchips sind lecker.
* winziges Plättchen, auf dem Informationen verarbeitet und gespeichert werden
Sie wechselt den Chip ihres Handys.

die Chirurgin (griech. ▷ lat.)
Fachärztin für Operationen

cholerisch (griech. ▷ lat.)
jähzornig, aufbrausend
Der Autofahrer reagierte leicht cholerisch.

der Chor (griech. ▷ lat.)
* Gruppe von Sängern
im Chor singen
* der Altarraum in einer Kirche
sich im Chor der Kirche aufstellen

der Choral (griech. ▷ lat.)
Kirchenlied, Kirchengesang

die Choreografie,
auch: **Choreographie** (griech.)
künstlerische Gestaltung und Festlegung der Schritte und Bewegungen eines Tanzes
Sie übten die Choreografie für einen neuen Tanz ein.

das Christentum (griech. ▷ lat.)
eine der fünf Weltreligionen

die Chronik (griech. ▷ lat.)
Aufzeichnung von Ereignissen in zeitlicher Reihenfolge
Die Chronik unserer Stadt ist interessant.

chronisch (griech. ▷ lat.)
dauernd, ständig
ein chronischer Husten

circa (lat.)
Abkürzung: ca.; ungefähr, etwa
circa hundert Zuschauer

der Circus → Zirkus

die City (engl.) (!)
Innenstadt, Stadtmitte
In der City gibt es viele Geschäfte und Lokale.

der Clan → Klan

clean (engl.) (!)
nicht mehr abhängig von Drogen
Er ist seit drei Jahren clean.

clever (engl.)
schlau, gewitzt, raffiniert
Clever gemacht!

der Clinch (engl.) (!)
* Umklammerung und Festhalten des Gegners im Boxkampf
Die Boxer gingen sehr schnell in den Clinch.
* Streit, Auseinandersetzung
Die beiden Parteien liegen schon wieder im Clinch.

der Clip (engl.)
* kurzer Film
Ich lade mir einen Videoclip herunter.
* Ohrschmuck
Ich trage gern Ohrclips.

die Clique (franz.) (!)
Gruppe von Freunden, Bande
Mit meiner Clique gehe ich zum Straßenfest.

der Clou (franz.) (!)
Höhepunkt, Besonderheit, Knüller
Der Clou des Buches ist sein unerwartetes Ende.

der Clown (engl.) (!)
Spaßmacher

der Club → Klub

der Cluster (engl.) (!)
eine Art, Ideen aufzuschreiben, indem man von einem Wort ausgeht und hinzufügt, was einem dazu einfällt
einen Cluster erstellen

der Coach (engl.) (!)
Trainer, Betreuer, Berater
Ein Coach trainiert den Sportler.

coachen (engl.) !
jemanden trainieren, fördern, betreuen

das Cockpit (engl.)
* Pilotenkabine im Flugzeug
* Fahrersitz im Rennwagen

der Code (engl.) !
Geheimzeichen, Schlüssel zum Entziffern geheimer Botschaften
Tim hat den Code der Schatzkarte geknackt.

die Collage (franz.) !
Zusammensetzung verschiedener Teile zu einem Ganzen
Es gibt Klangcollagen, Bildcollagen und Textcollagen.

das Comeback,
auch: **Come-back** (engl.) !
Rückkehr, Wiederauftreten, z. B. eines Künstlers, Politikers, Sportlers, nach einer längeren Pause
Nach der Babypause feierte die Sängerin ein glänzendes Comeback.

die Comedy (engl.)
lustige Sendung, Aufführung
Ich sehe gern Comedy-Serien.

der Comic (engl.)
Kurzwort für: Comicstrip; gezeichnete Bildergeschichte mit Sprechblasen

der Computer (engl.) !
Gerät, das große Mengen an Informationen und Daten mit hoher Geschwindigkeit verarbeitet

der Container
(lat. ▷ franz. ▷ engl.) !
* sehr großer Behälter, um Güter zu befördern
Der Bauschutt wird mit einem Container abgeholt.
* behelfsmäßiger Wohn- oder Arbeitsraum
Bis der Neubau fertig ist, findet der Unterricht im Container statt.

der Contest (lat. ▷ franz. ▷ engl.)
Wettbewerb
Der „European Song Contest“ findet jedes Jahr statt.

contra → kontra

cool (engl.) !
* nüchtern, sachlich, ruhig
Meine Mutter blieb ganz cool, trotz meiner Vier in Deutsch.
* sehr gut, toll, super, lässig
Das ist ein cooler Song.

das Copyright (engl.) !
gesetzlicher Schutz einer Idee oder geistigen Arbeit, Urheberrecht
Der Film darf wegen des Copyrights nicht kopiert werden.

die Couch (engl.) !
Sofa
Wir haben für unsere Gäste eine Schlafcouch gekauft.

der Countdown,
auch: **Count-down** (engl.) !
rückwärts zählende Ansage bis null, bevor das Startkommando gegeben wird
Der Countdown läuft.

der Coupon (franz.)
abtrennbarer Gutschein, Wertmarke
Mit dem Coupon bekommen wir ein Getränk umsonst.

couragiert (franz.)
furchtlos, mutig, beherzt
Für ihre Freundin setzte sie sich couragiert ein.

der Cousin (franz.)
Sohn meiner Tante oder meines Onkels, Vetter

die Cousine (franz.)
Tochter meiner Tante oder meines Onkels, Base

das Cover (engl.)
Titelseite eines Buches, einer Zeitschrift, eines Tonträgers
Das Cover ist sehr schön gestaltet.

das Crack (engl.)
Rauschgift
Menschen, die Crack nehmen, werden schnell süchtig.

die Collage

der Crack (engl.)
Experte
Er war ein richtiger Crack auf diesem Gebiet.

der Crash (engl.)
* Zusammenstoß, Unfall
Er verursachte einen Crash durch sein leichtsinniges Fahren.
* starker Abfall der Börsenkurse innerhalb kurzer Zeit
Der Crash an der Börse überraschte die Anleger.

die Creme, auch: **Crème** (franz.)
* Salbe zur Pflege der Haut
* Süßspeise

die Crew (engl.)
Schiffsmannschaft, Besatzung eines Flugzeugs
Die zehnköpfige Crew macht sich an die Arbeit.

der Cup (engl.)
* Siegespokal bei sportlichen Wettkämpfen
Der Cup wurde dem Kapitän der Mannschaft überreicht.
* Pokalwettbewerb
Es sind noch zwei deutsche Mannschaften im Europacup.
* Schale des Büstenhalters
Büstenhalter gibt es in verschiedenen Cupgrößen.

der Cursor (engl.)
Zeichen auf dem Bildschirm, das anzeigt, wo man sich gerade befindet, Einfügemarke
Du musst mit dem Cursor ans Ende des Wortes gehen.

cutten (engl.)
Filmszenen oder Musikaufnahmen für die endgültige Fassung schneiden und wieder zusammensetzen
Die Cutterin cuttet die letzten beiden Szenen.

der Cyberspace (engl.)
von Computern erzeugte Scheinwelt

D

da capo (lat. ▷ ital.)
noch einmal, von Anfang an
„Da capo, da capo!“, riefen die begeisterten Zuhörer.

dämonisch (griech. ▷ lat.)
beängstigend, unheimlich, gespenstisch, besessen
Er brach in dämonisches Lachen aus.

der Darling (engl.)
Liebling, Schatz

das Darts (engl.)
englisches Wurfpfeilspiel

das Date (engl.)
* Verabredung, Treffen
Keine Zeit, habe um vier ein Date mit meiner Freundin.
* jemand, mit dem man eine Verabredung hat
Sie geht einmal pro Woche mit ihrem Date ins Kino.

die Datei (lat. ▷ engl. ▷ dt.)
Sammlung von Informationen, die beim Speichern auf einem Datenträger als zusammengehörend betrachtet werden
eine Datei anlegen, eine Datei herunterladen

die Daten (lat. ▷ engl. ▷ dt.)
Angaben zu Personen und Sachen, Informationen
Mit der Weitergabe persönlicher Daten sollte man vorsichtig sein.

datieren (lat. ▷ franz.)
mit einem Datum versehen
einen archäologischen Fund datieren

der Dativ (lat.)
Wemfall, dritter Fall

das Datum (lat.)
Angabe von Tag, Monat und Jahr

der DAX (dt.; lat.)
Kurzwort für: Deutscher Aktienindex; Durchschnittswert der dreißig wichtigsten deutschen Aktien
Wenn der DAX steigt, steigt auch die Stimmung an der Börse.

der Deal (engl.)
Handel, Geschäft
Er war mit dem Deal zufrieden.

der Dealer (engl.)
jemand, der mit Rauschgift handelt

das Debakel (franz.)
Misserfolg, unglücklicher Ausgang, Zusammenbruch
Das Spiel endete in einem Debakel für die Mannschaft.

die Debatte (lat. ▷ franz.)
Aussprache zu einem bestimmten Thema, bei der verschiedene Meinungen vorgebracht werden
Es entstand eine hitzige Debatte.

debattieren (lat. ▷ franz.)
erörtern, ausdiskutieren
Sie debattierten eine Stunde lang über dasselbe Thema.

das Debüt (franz.) !
erster Auftritt eines Künstlers oder Sportlers
Der junge Spieler feierte sein Debüt in der Nationalmannschaft.

defekt (lat.)
fehlerhaft, nicht in Ordnung, kaputt
ein defekter Schalter

defensiv (lat. ▷ franz.)
verteidigend, abwehrend, vorsichtig
eine defensive Spielweise

die Defensive (lat. ▷ franz.)
Verteidigung, Abwehrhaltung
Er fühlte sich in die Defensive gedrängt.

definieren (lat.)
einen Begriff oder ein Wort erklären

die Definition (lat. ▷ franz.)
genaue Erklärung eines Begriffs
die Definition im Wörterbuch nachschlagen

das Defizit (lat. ▷ franz.)
* Fehlbetrag, Minus
In der Klassenkasse entstand ein Defizit von 5,50 Euro.
* Nachteil, Mangel
Entwicklungsdefizite ausgleichen

deklarieren (lat. ▷ franz.)
etwas bezeichnen, beim Zoll anmelden, angeben
Sie mussten den Wert der Ware beim Grenzübergang deklarieren.

deklinieren (lat. ▷ franz.)
Wörter in ihrer Form abwandeln, beugen
Beim Deklinieren mache ich immer wieder Fehler.

das Dekolleté, auch: **Dekolletee** (franz.) !
tiefer Ausschnitt
ein gewagtes Dekolleté tragen

die Dekoration (lat. ▷ franz.)
Ausschmückung, Schmuck, Verzierung
eine wunderbare Dekoration

dekorieren (lat. ▷ franz.)
ausschmücken, ausgestalten
Die Schaufenster wurden neu dekoriert.

die Delegation (lat.)
Gruppe, die zu Veranstaltungen geschickt wird
Die Delegation unserer Partnerstadt reist heute an.

delegieren (lat. ▷ franz.)
eine Aufgabe einem anderen übertragen
Sie kann gut delegieren.

delikat (lat. ▷ franz.)
* lecker, fein, appetitlich
eine delikate Speise
* heikel, schwierig, problematisch
eine delikate Angelegenheit

die Delikatesse (lat. ▷ franz.)
Leckerbissen, Köstlichkeit
Der Hering war früher eine Mahlzeit für alle, heute ist er eine teure Delikatesse.

das Delikt (lat.)
Straftat, ungesetzliche Handlung
Wegen mehrerer Delikte, die er in den letzten Jahren begangen hatte, war er bei der Polizei bekannt.

das Delta (griech.)
* verzweigte Flussmündung
* griechischer Buchstabe

dement (lat.)
dauerhaft hirngeschädigt, was sich z. B. auf die Merkfähigkeit auswirkt
Manche alte Menschen werden dement.

dementieren (lat. ▷ franz.)
eine Nachricht oder Behauptung öffentlich berichtigen oder widerrufen
Der Politiker musste seine Äußerung dementieren.

die Demokratie (griech. ▷ lat.)
Herrschaft des Volkes, eine Staatsform, in der das Volk durch freie Wahlen an der Machtausübung beteiligt ist
Wir leben in einer Demokratie.

demokratisch (griech. ▷ lat.)
nach den Prinzipien der Demokratie aufgebaut
eine demokratische Abstimmung

demolieren (lat. ▷ franz.)
gewaltsam beschädigen

die Demonstration
(lat. ▷ engl. ▷ franz.)
Kurzwort: Demo; öffentliche Kundgebung, Versammlung

demonstrieren (lat. ▷ engl. ▷ franz.)
* an einer Demonstration teilnehmen, protestieren
Wir demonstrieren gegen die Schließung des Hallenbades.
* etwas vorführen
Kannst du uns das bitte einmal demonstrieren?

die Demokratie

die Demoskopie (griech.)
Meinungsumfrage, -forschung
Das Institut für Demoskopie hat den Ausgang der Wahl ziemlich genau vorausgesagt.

denunzieren (lat. ▷ engl. ▷ franz.)
jemanden verraten, schlechtmachen, fälschlich beschuldigen
Der Spitzel denunzierte seine eigenen Mitarbeiter.

das Deo (engl.)
Kurzwort für: Deodorant; Mittel gegen Körpergeruch
Er benutzt jeden Morgen sein Deo.

das Departure (engl.) (!)
Abfahrt oder Abflug
Auf der Anzeigetafel waren alle Departures angegeben.

deplatziert (lat. ▷ franz.)
fehl am Platz, unangebracht
Die gegenseitigen Sticheleien waren völlig deplatziert.

die Deponie (lat. ▷ franz.)
Müllabladeplatz, Müllhalde
den Sperrmüll zur Deponie bringen

deponieren (lat. ▷ franz.)
hinterlegen, in Verwahrung geben
Wo kann ich meinen Koffer deponieren?

die Deportation (lat.)
Verschleppung, Zwangsverschickung
Juden lebten in der Nazizeit in ständiger Angst vor der Deportation in ein Vernichtungslager.

das Depot (lat. ▷ franz.) (!)
* Aufbewahrungsort für Sachen
Sie schloss Schmuck und Wertpapiere in ihrem Depot ein.
* Sammelstelle für Busse oder Schienenfahrzeuge
Nach der letzten Fahrt fuhr der Bus ins Depot.

die Depression (lat. ▷ franz.)
seelische Erkrankung, bei der ein Mensch an nichts mehr Freude hat und antriebslos wird

deprimiert (lat. ▷ franz.)
traurig, bedrückt, enttäuscht
Nach ihrer Niederlage war sie deprimiert.

das Derby (engl.) (!)
bedeutendes Sportereignis
Heute findet das Lokalderby in Borg statt.

das Desaster (franz.)
Missgeschick, Zusammenbruch

desensibilisieren (lat. ▷ franz.)
unempfindlich machen
Im Herbst desensibilisierte ihn die Ärztin gegen Blütenpollen.

das Design (engl.) (!)
Gestaltung, Entwurf, Form eines Gegenstandes
Auf das Design der Produkte legen Hersteller großen Wert.

die Designerin (engl.) (!)
Gestalterin
In der Werbung und Modeindustrie arbeiten viele Designerinnen.

desinfizieren (lat.)
von Krankheitserregern befreien, Keime abtöten
Die Wunde am Knie desinfizierte meine Mutter sofort.

desinteressiert (lat. ▷ franz.)
unbeteiligt, gleichgültig, nicht interessiert
Wenn Unterricht langweilig ist, sind Kinder desinteressiert.

der Desktop (engl.)
englische Bezeichnung für Schreibtischplatte, Bildschirmoberfläche

das Dessert (franz.) !
Nachspeise, Nachtisch

destruktiv (lat.)
zerstörend, zersetzend
Er verhält sich in der Gruppe sehr destruktiv.

das Detail (franz.) !
Einzelheit, Einzelteil, Feinheit
Er erzählte die Geschichte bis ins kleinste Detail.

die Detektivin (lat. ▷ engl.)
Ermittlerin, Fahnderin
eine Privatdetektivin beauftragen

der Detektor (lat. ▷ engl.)
Gerät zum Auffinden von Dingen
einen Detektor zur Suche von Minen einsetzen

detonieren (lat. ▷ franz.)
knallen, explodieren
Als die Bombe detonierte, klirrten alle Fensterscheiben.

desinteressiert

die Devise (franz.)
* Wahl-, Leitspruch
Nicht reden, sondern handeln – das ist meine Devise.
* ausländisches Geld
Touristen bringen Devisen ins Land.

dezent (lat. ▷ franz.)
* zurückhaltend, taktvoll
sich dezent im Hintergrund halten
* unaufdringlich, zart, schwach
Speisen dezent würzen

das Dezimalsystem (lat.; griech.)
Zehnersystem mit der Bündelung zu Zehnereinheiten, z. B. Zehner, Hunderter, Tausender

der Diabetiker (griech.)
Zuckerkranker
Diabetiker müssen genau auf ihre Ernährung achten.

diabolisch (griech. ▷ lat.)
teuflisch
diabolisch grinsen

das Diadem (griech. ▷ lat.)
Stirn- oder Kopfreif aus Edelmetall

die Diagnose (griech. ▷ franz.)
Befund, Feststellung, Beurteilung
Man muss erst einmal die Diagnose des Arztes abwarten.

diagonal (griech. ▷ lat.)
schräg, quer
Er schoss den Ball diagonal übers ganze Spielfeld.

die Diagonale (griech. ▷ lat.)
gerade Linie, die zwei nicht benachbarte Ecken verbindet
eine Diagonale ziehen

das Diagramm (griech.)
Schaubild, z. B. zur Darstellung von Größenverhältnissen
gemessene Temperaturen in ein Diagramm eintragen

der Dialekt (griech. ▷ lat.)
Mundart
Er spricht einen schwäbischen Dialekt.

der Dialog (griech. ▷ lat. ▷ franz.)
Gespräch zwischen zwei oder mehr Personen
Die beiden Außenminister führten einen intensiven Dialog.

der Diamant (griech. ▷ lat. ▷ franz.)
wertvoller Edelstein von sehr großer Härte

die Diät (griech. ▷ lat.)
spezielle Ernährung für kranke oder über- und untergewichtige Menschen
Diäten sollten medizinisch begleitet werden.

die Differenz (lat.)
* Unterschied
Es gibt eine Differenz zwischen dem Einkaufs- und dem Verkaufspreis.
* Ergebnis einer Subtraktion
Rechne die Differenz zwischen 802 und 453 aus.
* Meinungsverschiedenheit
Die Differenzen konnten nicht ausgeräumt werden.

differenzieren (lat. ▷ franz.)
unterscheiden
Im Test wird zwischen leichten und schwierigen Aufgaben differenziert.

diffus (lat.)
ungenau, undeutlich, verschwommen
diffuse Angaben machen, diffuses Licht

das Diktat (lat.)
diktierte Wörter und Sätze

die Diktatur (lat.)
Gewaltherrschaft, Regierungsform, in der eine einzelne Person oder Partei uneingeschränkt herrscht
In einer Diktatur können Menschen ihre Meinung nicht frei sagen.

diktieren (lat. ▷ franz.)
etwas vorsprechen, was Wort für Wort aufgeschrieben werden muss

das Dilemma (griech. ▷ lat.)
Zwangslage, schwierige Lage
das Dilemma, sich zwischen zwei gleich unangenehmen Dingen entscheiden zu müssen

dilettantisch (lat. ▷ ital.)
nicht fachmännisch, stümperhaft
Das Regal war dilettantisch zusammengezimmert.

der Dimmer (engl.)
Schalter, mit dem man die Helligkeit des elektrischen Lichtes einstellen kann
Unsere Stehlampe hat einen Dimmer.

dinieren (lat. ▷ franz.)
festlich speisen
Feine Leute dinieren.

der Dip (engl.)
kalte Soße zum Eintunken

diplomatisch (franz.)
taktisch klug, ausgleichend, geschickt
Wenn er etwas wollte, konnte er ziemlich diplomatisch vorgehen.

direkt (lat.)
unmittelbar, sofort, ohne Umwege oder Verzögerungen
Das Konzert wurde direkt übertragen. Er ging auf direktem Wege nach Hause.

die Direktorin (lat.)
Leiterin einer Schule oder eines Unternehmens

der Dirigent (lat.)
Leiter eines Orchesters, Chores

dirigieren (lat. ▷ franz.)
* einen Chor, ein Orchester leiten
eine Oper dirigieren
* leiten, führen, lenken
David dirigierte uns sicher ans Ziel.

der Discjockey,
auch: **Diskjockey** (engl.) !
Kurzwort: DJ; jemand, der im Radio, Fernsehen und besonders in Diskotheken Musik auflegt

die Disco, auch: **Disko** (franz.)
Kurzwort für: Diskothek, Veranstaltungsort, an dem zu Musik getanzt wird

diskret (lat. ▷ franz.)
taktvoll, rücksichtsvoll, verschwiegen
persönliche Angelegenheiten diskret behandeln

die Diskretion (lat. ▷ franz.)
Verschwiegenheit, Rücksichtnahme
Am Bankschalter wird um Diskretion gebeten.

diskriminieren (lat. ▷ franz.)
benachteiligen, gering schätzen
Kein Mensch darf aufgrund seiner Religion diskriminiert werden.

die Diskussion (lat.)
Meinungsaustausch, Debatte, Streitgespräch
eine lebhafte Diskussion

diskutieren (lat. ▷ franz.)
Meinungen austauschen, etwas mit anderen besprechen
im Klassenrat diskutieren

das Display (engl.) !
Anzeigegerät, das elektronisch gespeicherte Daten sichtbar macht
Auf dem Display kannst du sehen, wer angerufen hat.

disqualifizieren (lat. ▷ franz.)
jemanden wegen eines Regelverstoßes vom Wettkampf ausschließen
wegen Doping disqualifizieren

dissen (amerik.)
verächtlich machen, jemanden schlechtmachen
Der Junge wurde von einigen Mitschülern ständig gedisst.

die Distanz (lat.)
* Entfernung, Abstand
Beim Feuerwerk mussten wir eine Distanz von 100 m einhalten.
* Zurückhaltung, Reserviertheit
auf Distanz gehen

sich distanzieren (lat. ▷ franz.)
von jemandem oder von etwas abrücken, Abstand nehmen
Er distanzierte sich von den Krawallmachern.

die Disziplin (lat.)
* auf Ordnung bedachtes Verhalten, Einordnung, Gehorsam
Beim Militär geht es nicht ohne Disziplin.
* Teilbereich einer Sportart
Sie startet in allen vier Disziplinen.

diszipliniert (lat.)
geordnet, gesittet, gehorsam
In der Straßenbahn verhielten sich die Kinder sehr diszipliniert.

divers (lat.)
einige, mehrere, verschiedene
diverse Möglichkeiten haben

dividieren (lat. ▷ franz.)
teilen

die Division (lat.)
Geteiltaufgabe
Divisionsaufgaben lösen

der DJ → Discjockey !

dilettantisch

der Doktor (lat.)
Abkürzung: Dr.
* Titel, den man an einer Hochschule erwerben kann
den Doktor machen
* Arzt
ein Doktor sein

das Dokument (lat.)
* Urkunde, Schriftstück
Das Dokument darf nicht verloren gehen.
* elektronische Datei, meistens Textdatei
ein Dokument abspeichern

dokumentieren (lat. ▷ franz.)
zeigen, belegen
Beobachtungen dokumentieren

der Dolmetscher (türk. ▷ ungar.)
jemand, der mündlich von einer Sprache in die andere übersetzt
Er arbeitet beim Schulamt als Dolmetscher.

dominant (lat.)
* vorherrschend
Männer sind in Führungspositionen zahlenmäßig dominant.
* beherrschend, tonangebend, auftrumpfend
Ärgerlich, sein dominantes Getue!

dominieren (lat. ▷ franz.)
beherrschen, bestimmen
Philipp dominiert die ganze Gruppe.

die Dompteurin (lat. ▷ franz.) !
Tierbändigerin

dopen (engl.)
aufputschen
Die Sportlerin wurde gesperrt, weil sie gedopt war.

das Doping (engl.)
Einnahme von Aufputschmitteln und Drogen, z. B. im Sport

dosieren (griech. ▷ lat. ▷ franz.)
bestimmte Menge abmessen
Medikamente genau dosieren

die Dosis (griech. ▷ lat.)
Menge, Maß
eine tödliche Dosis verabreichen

doubeln (franz.) !
Rolle eines Filmschauspielers bei gefährlichen Szenen übernehmen
Bei der Verfolgungsjagd wurde der Star vorsichtshalber gedoubelt.

das Double (franz.) !
Doppelgänger
als Double von Königin Elisabeth II. auftreten

downloaden (engl.) !
Daten aus dem Internet herunterladen
Musik downloaden

dramatisch

dozieren (lat. ▷ franz.)
lehren, in einem belehrenden Ton reden
Wenn Papa etwas erklärt, neigt er dazu zu dozieren.

das Drama (griech. ▷ lat.)
* Schauspiel
Auf dem Theaterspielplan steht ein modernes Drama.
* erschütterndes oder trauriges Ereignis
In F. ereignete sich gestern ein Familiendrama.

dramatisch (griech. ▷ lat.)
aufregend, spannend
Der Film endete höchst dramatisch.

drapieren (franz.)
mit kunstvoll gefaltetem Stoff behängen, schmücken
Die Dekorateurin drapierte Unmengen Stoff um die Schaufensterpuppen.

dreidimensional (dt.; lat.)
in drei Richtungen ausgedehnt: in die Länge, in die Breite und in die Höhe

der Dress (engl.)
Kleidung
Sie erschien in einem sportlichen Dress.

dressieren (lat. ▷ franz.)
einem Tier etwas beibringen
Hunde lassen sich besonders gut dressieren.

das Dressing (engl.)
Salatsoße
Welches Dressing möchten Sie für Ihren Salat?

dribbeln (engl.)
Ball oder Scheibe durch kurze Stöße über das Spielfeld treiben
vor dem Tor dribbeln

der Drink (engl.)
alkoholisches Getränk

die Droge (niederl. ▷ franz.)
Stoff, mit dem man sich in einen Rausch versetzen kann
Alkohol ist eine Droge.

die Drogerie (niederl. ▷ franz.)
Geschäft, in dem z. B. kosmetische Artikel verkauft werden

der Dschungel (sanskr. ▷ engl.)
undurchdringlicher tropischer Regenwald
Der Indische Tiger lebt im Dschungel.

dubios (lat.)
zweifelhaft, fragwürdig
dubiose Freunde haben

das Duell (lat.)
Zweikampf
Die beiden Kandidaten stellten sich im Fernsehen einem Rededuell.

das Duett (lat. ▷ ital.)
Komposition für zwei Singstimmen
Die beiden Mädchen sangen ein Duett.

der Dummy (engl.) !
lebensgroße Kunststoffpuppe, die bei Unfalltests verwendet wird

dynamisch (griech.)
* schwungvoll, lebhaft, tatkräftig
ein dynamischer Typ
* Entwicklung aufweisend, wachsend
eine dynamische Rente

das Dynamit (griech.)
Sprengstoff

der Dynamo (griech. ▷ engl.)
Stromerzeuger
Mein Licht am Fahrrad funktioniert nicht, ich muss den Dynamo reparieren.

die Dynastie (griech.)
Herrschergeschlecht, das über eine längere Zeit an der Macht war oder noch an der Macht ist
Prinz Charles gehört zur Dynastie der Windsors.

die Dyskalkulie (griech. ▷ lat.)
Rechenschwäche

die Dyslexie (griech. ▷ lat.)
Lese- und Rechtschreibschwäche

E

das E-Book (engl.) !
Kurzwort für: „electronic book“; elektronisches Lesegerät im Buchformat
Ein E-Book wiegt immer dasselbe, egal wie viele Bücher gespeichert sind.

das Echo (griech. ▷ lat.)
* Widerhall
In der Schlucht gibt es ein Echo.
* Reaktion auf etwas
Das Echo auf den Spendenaufruf war riesig.

EC-Karte (engl.; dt.)
Kurzwort für: Eurocheque-Karte; mit ihr kann man ohne Bargeld einkaufen und Geld an einem Bankautomaten ziehen

effektiv (lat.)
wirkungsvoll
Die Polizeikontrolle war effektiv: Alle fuhren langsamer.

egal (lat. ▷ franz.)
einerlei, gleichgültig
Mir ist alles egal.

das Ego (lat.)
das Ich
Dass er verloren hatte, kratzte sehr an seinem Ego.

egoistisch (franz.)
ichbezogen, auf den eigenen Vorteil bedacht, rücksichtslos

einchecken (dt.; engl.) (!)
Angaben beim Abflug oder bei der Ankunft in einem Hotel machen

einloggen (dt.; engl.)
mit einem Passwort eine Verbindung z. B. zu einem Computernetzwerk herstellen

die Ejakulation (lat.)
Samenerguss, Vorgang, bei dem die Samenflüssigkeit von den Hoden in die Harnröhre gepresst wird und herausspritzt

der Eklat (franz.) (!)
Aufsehen, Skandal
Der Auftritt des Angeklagten sorgte für einen Eklat.

die Ekstase (griech. ▷ lat.)
rauschhafter Zustand, Verzückung
Der Rhythmus versetzte die Tänzer in Ekstase.

das Ekzem (griech.)
nicht ansteckende, juckende Entzündung der Haut

der Elan (franz.)
Begeisterung, Schwung
Voller Elan übernahm sie das Amt der Schulsprecherin.

elastisch (griech.)
dehnbar, biegsam

das E-Learning (engl.) (!)
Kurzwort für: „electronic learning"; Lernen mithilfe elektronischer Medien, z. B. des Computers
E-Learning ist praktisch, ersetzt aber nicht meine nette Lehrerin.

elegant (lat. ▷ franz.)
* vornehm, fein
ein elegantes Kleid tragen
* gewandt und harmonisch ausgeführt
eine elegante Verbeugung machen

elektrisieren (griech. ▷ lat. ▷ franz.)
* mit Strom versehen
Damit Kühe nicht ausbrechen, werden Weidezäune oft elektrisiert.
* aufwühlen, begeistern
Die Rockband elektrisierte das Publikum.

die Elektrizität (franz.)
Form der Energie, mit deren Hilfe Licht, Wärme und Bewegung erzeugt werden
Wir kennen Elektrizität als Strom.

das Elektroauto (griech. ▷ lat.)
Auto, das nicht mit Benzin, sondern mit elektrischer Energie fährt

die Elektronik (griech.)
Kurzwort aus: „Elektronen" und „Technik"; Wissenschaft von der Schaltung und Steuerung elektrischer Ströme
Elektronik befindet sich in fast allen technischen Geräten.

elektronisch (griech.)
die Elektronik betreffend
In einem Auto ist fast alles elektronisch gesteuert.

der Elektrosmog (griech.; engl.)
Strahlung, die von elektrischen Geräten ausgeht
Elektrosmog ist möglicherweise gesundheitsgefährdend.

emotional

das Element (lat.)
* Baustein, Bestandteil
Das Regal wird aus vorgefertigten Elementen zusammengesetzt.
* Urstoff, Grundstoff
Ohne die vier Elemente Feuer, Luft, Erde und Wasser gäbe es kein Leben.

elementar (lat.)
* wesentlich, grundlegend
Nähe und Vertrauen sind für alle Menschen elementar wichtig.
* ungebändigt, naturhaft, ungestüm
Beim letzten Sturm waren elementare Kräfte am Werk.

die Elite (franz.)
Führungsschicht, Oberschicht, Auslese der Besten
Zur Elite in unserer Gesellschaft gehören z. B. Topmanager und Spitzenpolitiker.

die Ellipse (griech.)
geometrische Form, Oval
Die Erde kreist in Form einer Ellipse um die Sonne.

die/das E-Mail (engl.) !
Kurzwort für: „electronic mail“; elektronische Post, die mit dem Computer verschickt und empfangen wird

die Emanzipation (lat.)
* Befreiung von Abhängigkeit
Die Emanzipation der Ureinwohner hat lange gedauert.
* rechtliche und gesellschaftliche Gleichstellung von Mann und Frau
In den letzten Jahrzehnten gab es große Fortschritte in der Emanzipation der Frauen.

emanzipiert (lat.)
unabhängig, selbstständig, selbstbewusst
eine emanzipierte Frau

das Embargo (span.)
Zurückhalten, z. B. von Schiffen im Hafen; Ausfuhrverbot, Handelsboykott
Über das Schiff mit Waffen an Bord wird ein Embargo verhängt.

das Emblem (griech. ▷ lat. ▷ franz.)
* Hoheitszeichen
Die schwarzrotgoldene Fahne mit Adler ist das Emblem des deutschen Staates.
* Kennzeichen, Sinnbild
Die Taube ist ein Emblem für Frieden. Für unsere Schule haben wir auch ein Emblem entworfen.

der/das Embryo (griech. ▷ lat.)
ungeborenes Lebewesen im Anfangsstadium seiner Entwicklung

der Emigrant (lat.)
Auswanderer, der aus persönlichen, wirtschaftlichen, politischen oder religiösen Gründen seine Heimat verlässt

emigrieren (lat. ▷ franz.)
auswandern

die Emission (lat.)
Ausströmen von Gasen, Ruß und anderen Schadstoffen in die Luft
hohe Emissionswerte

das Emoticon (engl.) !
Kurzwort aus: „emotion“ (Gefühl) und „icon“ (Bild); Zeichen, mit dem man in einer SMS, in einer E-Mail oder beim Chatten Gefühle ausdrücken kann

emotional (lat. ▷ franz.)
mit Gefühlen verbunden, gefühlsmäßig
emotional reagieren

empathisch (griech. ▷ engl.)
bereit und fähig, sich in andere hineinzuversetzen
empathisch zuhören

die Emulsion (lat.)
Gemenge aus zwei nicht mischbaren Flüssigkeiten, z. B. Wasser und Öl

die Energie (griech. ▷ lat. ▷ franz.)
* Fähigkeit eines Stoffes oder Körpers, mechanische Arbeit zu verrichten oder Wärme und Licht abzugeben
elektrische, chemische Energie
* Schwung, Tatkraft
überschüssige Energie haben

energisch (franz.)
tatkräftig, entschlossen
energisch auftreten

engagieren (franz.) !
unter Vertrag nehmen, verpflichten
einen Trainer engagieren

sich engagieren (franz.) !
sich einsetzen
sich für den Umweltschutz engagieren

en gros (franz.) !
im Großen
Diesen Artikel können wir nicht einzeln, sondern nur en gros bestellen.

en masse (franz.) !
in großer Menge vorkommend, überaus viel
Herzmuscheln gibt es am Wattenmeer en masse.

enorm (lat. ▷ franz.)
außerordentlich, ungeheuer
eine enorme Anstrengung

das Ensemble (franz.) !
Gruppe von Künstlern
zum Ensemble des Theaters gehören

entern (lat. ▷ span. ▷ niederl.)
erbeuten, auf etwas klettern
Piraten enterten das Schiff und brachten es in ihre Gewalt.

die Entertainerin (engl.) !
Frau, deren Beruf es ist, Menschen zu unterhalten
Für die Preisverleihung wurde eine Entertainerin engagiert.

enthusiastisch (griech.)
begeistert, leidenschaftlich
einen Popstar enthusiastisch feiern

die Enzyklopädie (griech. ▷ lat. ▷ franz.)
umfassendes, meist alphabetisch geordnetes Nachschlagewerk
Wikipedia ist eine elektronische Enzyklopädie.

die Epidemie (griech. ▷ lat.)
ansteckende Massenerkrankung

das Epizentrum (griech.)
Gebiet, das genau über einem Erdbebenherd liegt
Das Epizentrum des Erdbebens lag 50 km von der Hauptstadt entfernt.

die Epoche (griech. ▷ lat.)
großer geschichtlicher Zeitabschnitt
Mit Einführung des Internets begann eine neue Epoche.

die Erektion (lat.)
Anschwellen, Versteifen und Aufrichten des Penis

die Erosion (lat.)
Schaden an der Erdoberfläche, der durch Wasser, Eis und Wind entsteht

erotisch (griech. ▷ franz.)
voller sexueller Anziehungskraft

eskalieren (franz. ▷ engl. ▷ franz.)
sich verschärfen, sich allmählich steigern, sich ausweiten
Der Konflikt droht zu eskalieren.

die Eskorte (franz.)
Begleitung, Geleit, Gefolge
Der Bundespräsident wird von einer Eskorte begleitet.

die Etappe (niederl. ▷ franz.)
Teilstrecke eines Weges
in Etappen einen Berg besteigen

der Etat (franz.) !
Geld, das zur Verfügung steht
Unsere Schule verfügt über einen bestimmten Etat für die Bücherei.

et cetera (lat.)
Abkürzung: etc.; und so weiter

die Ethik (griech. ▷ lat.)
Lehre von den Grundwerten des menschlichen Zusammenlebens
In manchen Bundesländern ist Ethik ein Unterrichtsfach.

eskalieren

das Etikett (niederl. ▷ franz.)
beschriftetes Schild zum Aufkleben oder Anhängen

das Etui (franz.)
kleiner Behälter zum Aufbewahren von kostbaren oder empfindlichen Gegenständen
die Brille ins Etui legen

euphorisch (griech.)
in bester Stimmung
den Sieg der Mannschaft euphorisch feiern

euro…, Euro… (griech.)
Europa betreffend
Euro, Europameisterschaft

der Euro
Zeichen: €; Währungseinheit der Europäischen Wirtschafts- und Währungsunion, 1 Euro = 100 Cent

die Europameisterschaft (griech.; dt.)
Sportwettbewerb mit Mannschaften aus den europäischen Ländern

evakuieren (lat. ▷ franz.)
Menschen vorübergehend in Sicherheit bringen, aussiedeln
Wegen Hochwasser wurde die Bevölkerung des Dorfes evakuiert.

evangelisch (griech. ▷ lat.)
zu einer der christlichen Kirchen gehörend
Ich bin evangelisch getauft.

das/der Event (engl.) !
Veranstaltung, herausragendes Ereignis
Die Fußballweltmeisterschaft wurde zu einem riesigen Event.

eventuell (franz.)
möglicherweise, vielleicht

exakt (lat.)
genau
exakt arbeiten

das Examen (lat.)
Abschlussprüfung

das Exemplar (lat.)
* Einzelstück
Wie viele Exemplare des Buches sind schon verkauft worden?
* Mensch, Tier, Pflanze oder Gegenstand mit besonders auffälligen Eigenschaften
Dieser Schmetterling war ein besonders schönes Exemplar.

das Exil (lat.)
Verbannungsort, lang andauernder Aufenthalt außerhalb des Heimatlandes
im Exil leben

existieren (lat. ▷ franz.)
* da sein, leben
Von 200 Euro im Monat kann man nicht existieren.
* vorkommen
Monster existieren nur in der Fantasie.

exklusiv (lat. ▷ franz. ▷ engl.)
vornehm, nur für wenige ausgewählte Personen vorgesehen
ein exklusives Angebot

die Exkursion (lat. ▷ franz.)
Studienfahrt, Schulfahrt
Wir unternahmen eine Exkursion zu den Burgen im Neckartal.

exotisch (griech. ▷ lat.)
fremdartig, ungewöhnlich, ausgefallen
exotische Früchte, Tiere, Pflanzen

expandieren (lat. ▷ franz.)
sich ausdehnen, sich ausweiten
Der Biomarkt expandiert und eröffnet weitere Filialen.

die Expedition (lat.)
Forschungsreise, oft in ein unbekanntes Gebiet
eine Expedition zum Polarkreis

das Experiment (lat.)
* wissenschaftlicher Versuch, durch den eine Frage beantwortet wird, Test
ein Experiment planen und durchführen
* Wagnis, unsicherer Versuch
Für meinen Opa war das Klettern im Hochseilgarten ein Experiment.

experimentieren (lat. ▷ franz.)
etwas ausprobieren, Versuche durchführen

der Experte (lat. ▷ franz.)
Kenner, jemand, der von einer Sache viel versteht
einen Experten befragen

explizit (lat.)
ausdrücklich, deutlich
Wir wurden explizit auf die Gefahren beim Feuermachen hingewiesen.

explodieren (lat. ▷ franz.)
* mit einem Knall zerplatzen, zerspringen
Der Sprengsatz explodierte.
* einen Wutanfall kriegen
Wegen einer Kleinigkeit muss man nicht gleich explodieren.

exportieren (lat. ▷ engl. ▷ franz.)
Waren ins Ausland bringen und dort verkaufen

extern (lat.)
draußen befindlich, auswärtig
Viele Firmen haben externe Mitarbeiter.

extra (lat.)
* für sich, getrennt
Bitte packen Sie mir das extra ein.
* ausdrücklich, mit Absicht
Das habe ich extra so gemacht.
* besonders
Er isst eine extragroße Portion Eis.

extravagant (lat. ▷ franz.)
aufsehenerregend, auffallend
ein extravagantes Kleid

extrem (lat.)
ungewöhnlich, übertrieben
extreme Temperaturen

der Extremist (lat.)
Mensch mit einer sehr krassen, extremen, z. B. politischen, Einstellung

die Extremitäten (lat.)
(Plural) Gliedmaße
Arme und Beine sind die Extremitäten des Menschen.

exzellent (lat. ▷ franz.)
hervorragend, ausgezeichnet
eine exzellente Aussprache

F

die Fabrik (lat. ▷ franz.)
Betrieb, in dem etwas hergestellt wird
Mein Onkel arbeitet in einer Möbelfabrik.

fabrizieren (lat. ▷ franz.)
anstellen, zusammenbasteln
Was hast du denn da für einen Unsinn fabriziert?

fabulieren (lat. ▷ franz.)
fantastische Geschichten erzählen

das Faible (franz.) !
Vorliebe
Ich habe ein Faible für Krimis, die in Schweden spielen.

fair (engl.) !
* anständig, gerecht
Mir das vorzuwerfen, ist nicht fair.
* Spielregeln beachtend
ein fairer Kampf

die Fäkalien (lat.)
(Plural) Kot und Harn von Menschen und Tieren

das Fake (engl.) !
Fälschung
Man muss aufpassen, dass man nicht auf ein Fake hereinfällt.

der/das Fakt (lat.)
Tatsache, Sachverhalt
Fakt ist: Die Mathearbeit habe ich verhauen.

der Faktor (lat.)
* wichtiger Gesichtspunkt
Ein wichtiger Faktor beim Lernen ist die Konzentration.
* Zahl oder Größe, mit der multipliziert wird
Du musst diese Zahl mit dem Faktor zwei malnehmen.

der Fan (engl.) !
begeisterter Anhänger
Ich bin ein Fan von Popmusik.

fanatisch (lat. ▷ franz.)
* hitzig, begeistert
fanatisch anfeuern
* verbohrt, rücksichtslos, mit blindem Eifer
einen Gegner fanatisch bekämpfen

die Fantasie (griech. ▷ lat.)
Vorstellungs-, Einbildungskraft
eine blühende Fantasie haben

fantasieren (griech. ▷ lat. ▷ franz.)
* frei erfinden, ausdenken
Diese Geschichte ist frei fantasiert.
* in Fieberträumen irre reden
Bei 41,2 Grad Fieber begann Jenny zu fantasieren.

fantastisch (griech. ▷ lat.)
unglaublich, großartig, toll
Das ist eine fantastische Idee.

die Fantasy (engl.) (!)
Geschichten oder Filme mit märchenhaftem Inhalt

die Farm (lat. ▷ franz. ▷ engl.)
größerer landwirtschaftlicher Betrieb

die Fashion (engl.) (!)
Mode
eine Fashionshow besuchen

das Fast Food, auch: **Fastfood** (engl.) (!)
Schnellgericht, z. B. Pommes und Burger

faszinieren (lat. ▷ franz.)
eine anziehende Wirkung haben, bezaubern, fesseln
Die Seiltänzerin faszinierte die Zuschauer.

fatal (lat.)
sehr unangenehm, verhängnisvoll
Der Unfall hatte fatale Folgen für den LKW-Fahrer.

die Fauna (lat.)
Tierwelt eines bestimmten Gebiets
Die Fauna der Schweizer Alpen ist faszinierend.

der Favorit (ital. ▷ franz. ▷ engl.)
Teilnehmer, dem die größten Aussichten auf einen Sieg zugesprochen werden
Jan gilt als haushoher Favorit bei der Wahl zum Schülervertreter.

faxen (engl.)
ein Dokument über das Telefonnetz übermitteln

das Fazit (lat.)
Ergebnis, Schlussfolgerung, Zusammenfassung
Das Fazit aus unserer Befragung: Jungen erhalten mehr Taschengeld als Mädchen.

der Feminismus (lat. ▷ franz. ▷ engl.)
Frauenbewegung
Der Feminismus kämpft für die Gleichstellung der Frau in der Gesellschaft.

die Ferien (lat.)
längere arbeits- oder schulfreie Zeit

das Festival (engl.) (!)
Großveranstaltung, Festspiele über mehrere Tage
ein Festival besuchen

das Feuilleton (franz.) (!)
Kulturteil einer Zeitung
Die Journalistin schreibt eine Buchkritik fürs Feuilleton.

das Fiasko (ital.)
totaler Zusammenbruch, Fehlschlag, Reinfall
Durch den Wolkenbruch endete unser Campingwochenende in einem Fiasko.

fantasieren

die Figur (lat. ▷ franz.)
* Gestalt
eine gute Figur haben
* Spielstein bei Brettspielen
Spielfiguren setzen
* Bewegungsfolge beim Tanz
eine neue Figur einstudieren

fiktiv (lat.)
ausgedacht, erfunden
sich im Spiel eine fiktive Welt aufbauen

die Filiale (lat. ▷ franz.)
Zweigstelle eines Unternehmens
In der Filiale des Schuhgeschäfts gibt es meine Traumschuhe noch.

der Film (engl.)
* mit einer Kamera aufgenommene Folge von bewegten Bildern, Szenen, Handlungen
Der Spielfilm war sehr spannend.
* dünne Schicht, die die Oberfläche von etwas bedeckt
Die Meeresoberfläche war mit einem dünnen Ölfilm bedeckt.

das Finale (lat. ▷ ital.)
Ende, Abschluss, Endspiel
Die Mannschaft erreichte nur knapp das Finale.

finanziell (lat. ▷ franz.)
das Geld betreffend, wirtschaftlich
finanziell abgesichert sein

finanzieren (lat. ▷ franz.)
Geld für etwas zur Verfügung stellen, bezahlen
Meine Großeltern finanzieren meine Klassenreise.

firm (lat.)
sicher
In Mathematik ist er total firm.

die Firma (lat. ▷ ital.)
Betrieb, Geschäft
Die Firma feiert ihr 75-jähriges Jubiläum.

das Firmament (lat.)
Himmel, Himmelsgewölbe
Nachts sieht man die Sterne am Firmament.

fit (engl.)
sportlich durchtrainiert, tüchtig

die Fitness (engl.)
gute körperliche Verfassung, Leistungsfähigkeit
Zur Steigerung der Fitness trainiert er dreimal wöchentlich.

fix (lat.)
* dauerhaft, beständig
fixe Kosten
* schnell, flink
Das ging aber fix!

fixieren (lat. ▷ franz.)
* befestigen, stilllegen
Das gebrochene Handgelenk wurde fixiert.
* anstarren
Die Katze fixiert ihr Opfer, ohne zu blinzeln.

der Fixstern (lat.; dt.)
Stern, der immer am gleichen Punkt steht

die Flatrate, auch: **Flat Rate** (engl.)
Tarif für die unbegrenzte Nutzung von Telefon, Handy oder Internet
Mit meiner Flatrate kann ich so lange telefonieren, wie ich will.

flexibel (lat.)
elastisch, beweglich, anpassungsfähig
flexible Arbeitszeiten

das/die Flipchart,
auch: **Flip-Chart** (engl.)
auf einem Gestell befestigter großer Papierblock
Unsere Ideen sammeln wir auf einem Flipchart.

der Flipper (engl.)
Spielautomat, steht oft in Kneipen

flirten (engl.)
jemandem durch Blicke und Worte seine Zuneigung zeigen, turteln
Jenny flirtet schon den ganzen Abend mit Alex.

der Flop (engl.)
etwas, das keinen Erfolg bringt
Das neue Album der Band war ein völliger Flop.

die Flora (lat.)
Pflanzenwelt einer bestimmten Gegend
Die Flora der Alpen ist ganz besonders schön.

florieren (lat. ▷ franz.)
sich günstig entwickeln, gut gehen
Nach dem Umbau florierte das Geschäft.

der Florist (lat.)
Blumenbinder

die Floskel (lat.)
nichtssagende Redewendung, Geschwätz
Es waren nur Floskeln, die der Moderator von sich gab.

die Flotte (germ. ▷ franz.)
größerer Verband von Schiffen oder Flugzeugen
Die Fluglinie will ihre Flotte um vier Flugzeuge vergrößern.

der Flyer (engl.) !
Handzettel
Flyer verteilen

der Fokus (lat.)
Mittelpunkt, Brennpunkt, Kern
Dieses Thema steht im Fokus des öffentlichen Interesses.

die Folie (lat.)
sehr dünnes Material aus Kunststoff oder Metall
mit einer Folie abdecken, eine Folie abziehen

die Fontäne (lat. ▷ franz.)
aufsteigender Wasserstrahl
Der Wal stößt mit jedem Atemzug eine Fontäne aus.

die Formalität (lat.)
Vorschrift
Wenn man umzieht, muss man viele Formalitäten erledigen.

das Format (lat.)
bestimmte Größe, Ausmaß
Die Zeitung hat ein handliches Format.

das Formular (lat.)
Vordruck, Formblatt
ein Formular ausfüllen

formulieren (lat. ▷ franz.)
ausdrücken, mitteilen
Lena formuliert klar und deutlich.

das Fossil (lat.)
Versteinerung
Im Steinbruch fand der Forscher das Fossil eines Urpferdchens.

foto..., Foto... (griech.)
Lichtbild
fotogen, Fotograf, Fotoshooting

das Foto (griech.)
Kurzwort für: Fotografie; Lichtbild

fotogen (griech. ▷ engl.)
zum Fotografieren oder Filmen besonders geeignet

der Fotograf (griech. ▷ engl.)
jemand, der berufsmäßig fotografiert

die Fotokopie (griech.; lat.)
Kurzwort: Kopie; Vervielfältigung
eine Fotokopie machen

das Fotoshooting (griech.; engl.) !
Anfertigen von Fotos für einen bestimmten Zweck
Das Fotoshooting für die Wintermode findet im Sommer statt.

das Foul (engl.) !
Regelverstoß im Sport
ein Foul begehen

das Foyer (franz.) !
Vorraum, z. B. im Theater, in dem sich die Zuschauer vor dem Stück und in der Pause aufhalten

fragil (lat.)
zerbrechlich, zart, zierlich, brüchig
Deine Brückenkonstruktion sieht aber ziemlich fragil aus.

die Fraktion (lat. ▷ franz.)
Zusammenschluss der Abgeordneten einer Partei im Parlament
Politiker gehören verschiedenen Fraktionen an, z. B. denjenigen der CDU, der SPD oder der Grünen.

frankieren (lat. ▷ ital. ▷ franz.)
eine Postsendung mit Porto versehen
einen Brief frankieren

der Freak (engl.) !
eine Person, die sich mit einer Sache sehr gut auskennt und sich für sie begeistert
Er ist ein echter Computerfreak und entwickelt Software.

die Freeware (engl.) !
Software, die kostenlos abgegeben wird, beliebig kopiert, weitergegeben und verändert werden kann
Freeware nur herunterladen, wenn der eigene Computer ausreichend geschützt ist!

frenetisch (griech. ▷ lat. ▷ franz.)
stürmisch, sehr begeistert
frenetischer Beifall

der Friseur, auch: **Frisör** (franz.)
jemand, der anderen die Haare schneidet, wäscht, färbt und föhnt

frittieren (lat. ▷ franz.)
Speisen in heißem Fett schwimmend garen
Gemüse und Kartoffeln frittieren

die Front (lat. ▷ franz.)
* Vorderseite
Die Front des Autos war total zerbeult.
* Kampfgebiet
An der Front war es lebensgefährlich.
* Grenzfläche zwischen Luftmassen unterschiedlicher Temperatur
Eine Kaltfront zieht herauf.

frontal (lat.)
von vorn
frontal zusammenstoßen

frottieren (franz.)
abtrocknen, abreiben

der Frust (lat.)
Kurzwort für: Frustration; enttäuschte Erwartung, unbefriedigendes Erlebnis
Ihr Frust war nach der schlechten Deutscharbeit riesengroß.

frustriert (lat.)
unzufrieden, enttäuscht
Ole kam total frustriert vom Fußballspiel nach Hause.

das Fundament (lat.)
Unterbau, Grundlage
Das Fundament des Gebäudes droht abzusinken.

die Funktion (lat.)
* Amt, Aufgabe, Zweck
Er eröffnete das Fest in seiner Funktion als Schülersprecher.
* Tätigkeit, Betrieb
Das gesamte Telefonnetz war außer Funktion.

funktionieren (lat. ▷ franz.)
reibungslos ablaufen, in Betrieb sein

der Funsport (engl.) !
Freizeitsport, bei dem der Spaß im Vordergrund steht
Frisbeespielen, Bungeespringen oder Kickboardfahren sind Funsportarten.

die Furie (lat.)
römische Rachegöttin, wütende Frau
Mira kann zur Furie werden, wenn sie etwas aufregt.

das Futur (lat.)
Zeitform des Verbs, Zukunftsform

futuristisch (lat.)
zukunftsweisend, aus der Zukunft stammend
Auf der Automesse sahen manche Wagen sehr futuristisch aus.

der Fuzzi (amerik.)
komischer Typ

G

der Gag (engl.) !
komische Situation, witziger Einfall

die Gage (franz.) !
Bezahlung, Gehalt von Künstlern
Berühmte Filmschauspieler erhalten oft sehr hohe Gagen.

die Gala (span.)
Theater-, Opernaufführung, Auftritt von Unterhaltungskünstlern
Bei der Gala für die Erdbebenopfer kamen viele Spenden zusammen.

die Galaxie (griech.)
* großes Sternsystem außerhalb der Milchstraße
* Spiralnebel

die Galerie (ital.)
* Ausstellungsraum, Kunsthandlung, Gemäldesammlung
* höher gelegener Zuschauerraum, z. B. im Theater
* Passage mit Läden

der Gangster (engl.) !
Verbrecher, Gauner, Betrüger

die Gangway (engl.) !
Vorrichtung zum Ein- und Aussteigen, z. B. für Flugzeuge

der Ganove (hebr.-jidd.)
Gauner, Betrüger

die Garantie (franz.)
Sicherheit, verbindliche Zusage
Wir übernehmen für das Fahrrad ein Jahr Garantie.

garantieren (franz.)
versichern, zusagen
Der Arbeitsvertrag garantiert einen Mindestlohn.

die Garderobe (franz.)
* Kleidung
Mir fehlt für den Ball die passende Garderobe.
* Kleiderablage
Die Jacke hängt an der Garderobe.
* Umkleideraum
Ich warte vor der Garderobe auf dich.

garnieren (franz.)
verzieren

die Gastronomie (griech.)
* Gaststättengewerbe
In Messestädten ist die Gastronomie besonders vielfältig.
* feine Kochkunst
Das Zentralhotel ist für seine Gastronomie bekannt.

das Gate (engl.) !
Flugsteig auf Flughäfen

das Gel (lat. ▷ ital. ▷ franz.)
glibberige cremeähnliche Masse
Duschgel, Haargel

das Gen (griech.)
Träger der Erbanlage
Eltern geben ihre Gene an ihre Kinder weiter.

die Generalprobe (lat.)
letzte Probe vor einer Aufführung
Die Generalprobe klappte bestens.

die Generation (lat. ▷ engl. ▷ franz.)
* alle Menschen, die innerhalb eines bestimmten Zeitraums geboren wurden (Urgroßeltern, Großeltern, Eltern, Kinder)
die jüngere und die ältere Generation
* Zeitraum, der ungefähr die Lebenszeit eines Menschen umfasst
Es wird Generationen dauern, bis die Folgen der Umweltkatastrophe beseitigt sein werden.

genetisch (lat.)
erblich bedingt, die Vererbung betreffend
Genetische Veränderungen gibt es bei Menschen, Tieren und Pflanzen.

genial (lat.)
sehr begabt, einfallsreich, großartig
eine geniale Lösung

das Genie (lat. ▷ franz.) !
* besonders hohe Begabung
Ihr Genie wurde lange verkannt.
* außerordentlich begabter Mensch
Sie ist in Mathe ein Genie.

sich genieren (lat. ▷ franz.) !
etwas peinlich finden, sich gehemmt und unsicher zeigen
So gehe ich nicht unter die Leute. In dieser Hose geniere ich mich.

das Genitale (lat.)
Geschlechtsorgan
Jungen und Mädchen unterscheiden sich unter anderem durch ihre Genitalien.

die Generation

der Genitiv (lat.)
Wesfall, 2. Fall

der Genozid (griech. ▷ lat.)
Völkermord
Im Laufe der Geschichte hat es immer wieder Genozide gegeben.

die Geografie,
auch: **Geographie** (griech.)
Wissenschaft von der Erde, Schulfach
In Geografie lernt man auch, wie es auf der Erde aussieht.

die Geometrie (griech.)
Teil der Mathematik, Raumlehre
In der Geometrie lernt man etwas über Flächen und Körper.

die Geste (lat.)
Bewegung der Hände oder Arme, die das Sprechen begleitet oder ersetzt
Mit einer freundlichen Geste begrüßte er uns an der Tür.

gestikulieren (lat.)
mit Händen und Armen lebhafte Bewegungen machen, um sich verständlich zu machen

das Getto, auch: **Ghetto** (ital.)
abgetrenntes Wohngebiet, in dem eine bestimmte Gruppe von Menschen wohnt

der Ghostwriter (engl.) !
Autor, der für eine andere Person schreibt und nicht als Verfasser genannt wird
Menschen, die viele Reden halten müssen, lassen sie manchmal von einem Ghostwriter schreiben.

das Gigabyte (griech.; engl.) !
Zeichen: GB, GByte; Maßeinheit für Datenmengen, z. B. beim Computer, 1 GB = 1024 MB (Megabyte)

gigantisch (griech. ▷ lat.)
riesig, außerordentlich, enorm
Das Hochwasser hatte gigantische Ausmaße.

das Girokonto (ital.) !
Bankverbindung, über die bargeldlos bezahlt wird

das Give-away (engl.) !
kleines Werbegeschenk, Gratisprobe
Als Give-away wurden Stundenpläne verteilt.

der/das Glamour (engl.)
Glanz, besonders auffällige Aufmachung
Die großen Stars sorgen bei einem Filmfestival für Glamour.

die Globalisierung (lat. ▷ franz.)
zunehmende weltweite Verflechtung in vielen Bereichen, z. B. in Politik, Wirtschaft, Umwelt

der Globetrotter (engl.)
Weltenbummler, Abenteurer

der Globus (lat.)
Modell der Erde in Form einer drehbaren Kugel
Er drehte den Globus so lange, bis er New York entdeckte.

das Glossar (griech. ▷ lat.)
alphabetische Liste mit Wörtern, die erklärt werden

das Goal (engl.)
Tor, Treffer im Sport

der/das Gokart (engl.)
niedriger, unverkleideter, kleiner Sportrennwagen
Jugendliche dürfen Gokart-rennen fahren.

gondeln (ital.)
gemächlich fahren, ohne festes Ziel reisen
durch ganz Europa gondeln

googeln (engl.)
mit einer Suchmaschine im Internet suchen

der Gourmet (franz.)
Feinschmecker, Genießer
Für Gourmets: Schokolade mit Pfeffer!

das Graffito (ital.)
auf Mauern oder große Flächen gesprühte oder gemalte Schrift oder Bilder

die Grafik, auch: **Graphik** (griech.)
* Zeichnung, Kunstwerk
Im Schaufenster der Galerie hängen Bilder und Grafiken.
* Abbildung, Schaubild
Wetterbeobachtungen können auch in einer Grafik festgehalten werden.

die Grammatik (griech.)
Lehre vom Aufbau einer Sprache
die deutsche Grammatik, die französische Grammatik

das Graffito

die Granate (lat. ▷ ital.)
Sprengkörper, Geschoss
Die Granate schlug in ein bewohntes Gebiet ein.

grandios (lat. ▷ ital.)
großartig, überwältigend
Vom Gipfel aus hatten wir einen grandiosen Blick über die Alpen.

grassieren (lat. ▷ franz.)
um sich greifen, sich ausbreiten
Im letzten Winter grassierte die Grippe.

gratis (lat.)
umsonst, kostenlos
Heute ist der Eintritt ins Museum gratis.

gratulieren (lat. ▷ franz.)
beglückwünschen
zum Geburtstag gratulieren

gravieren (franz.)
etwas in Metall oder Stein einschneiden oder einritzen
Ich lasse meine Anfangsbuchstaben in den Ring gravieren.

gravierend (lat. ▷ franz.)
schwerwiegend, belastend
Die Bedenken gegen das Projekt waren so gravierend, dass es aufgegeben wurde.

graziös (lat. ▷ franz.)
anmutig
Die Tänzerin machte graziöse Bewegungen.

das Gremium (lat.)
Gruppe von Fachleuten, die berät und Beschlüsse fasst

die Grimasse (franz.)
verzerrtes Gesicht, Fratze
Grimassen schneiden

groggy (engl.)
schwer angeschlagen, erschöpft
Nach der Wanderung waren wir völlig groggy.

grotesk (ital. ▷ franz.)
lächerlich, sonderbar, unsinnig
eine völlig groteske Geschichte, eine groteske Anschuldigung

das Groupie (engl.) !
meist weiblicher Fan, der engen Kontakt zu seinem Idol sucht
Boygroups werden von ihren Groupies hemmungslos bejubelt.

der/das Gully (engl.)
Schacht, durch den das Regenwasser von der Straße in die Kanalisation fließt
verstopfte Gullys

das Gymnasium (griech.)
weiterführende Schule, die zum Abitur führt

die Gymnastik (griech.)
Körpertraining, Körperübungen

die Gynäkologin (griech.)
Frauenärztin

a b c d e f g h i j k l m n o p q r s t u v w x y z

H

der Hacker (engl.)
jemand, der unberechtigt in Computersysteme eindringt
Hacker sind weltweit aktiv.

der Hairstylist (engl.)
Friseur, der Frisuren als Kunstwerke gestaltet
Stars gehen häufig mit einem eigenen Hairstylisten auf Reisen.

die Halfpipe (engl.)
Sportanlage in Form einer halbierten Röhre, z. B. für Skater
Die Halfpipe wird von den Jugendlichen sehr gut angenommen.

die Halluzination (lat. ▷ franz.)
Sinnestäuschung, Einbildung
Drogen können Halluzinationen auslösen.

die Halogenlampe (griech.; dt.)
Glühlampe, die länger hält als andere und sehr hell leuchtet

der Halunke (tschech.)
* Betrüger, Schurke
von einem Halunken betrogen werden
* Schelm
Na, du Halunke!

das Handicap,
auch: **Handikap** (engl.)
Beeinträchtigung, Nachteil
Die Schwerhörigkeit ist für meinen Opa ein schweres Handicap.

das Handling (germ. ▷ engl.)
Handhabung, Gebrauch
Der neue Staubsauger lässt sich leicht bedienen, er hat ein tolles Handling.

das Handout,
auch: **Hand-out** (engl.)
Papier mit Informationen, das z. B. bei Vorträgen ausgeteilt wird
Chris teilt seiner Klasse vor der Präsentation ein Handout aus.

das Handy (dt.; engl.)
Mobiltelefon

hantieren (franz. ▷ niederl.)
mit den Händen etwas tun
Ben und Nick hantierten hörbar in der Küche.

das Happening (engl.)
Ereignis, Schau, Aktion
Das war keine Abschlussfeier, das war ein Happening.

das Happy End,
auch: **Happyend** (engl.)
glücklicher Ausgang eines Konfliktes, einer Liebesgeschichte
ein Film mit Happy End

haptisch (griech.)
mit dem Tastsinn wahrnehmbar
Sehbehinderte Menschen entwickeln haptische Fähigkeiten.

Hardware (engl.)
mechanische oder elektrische Teile eines Geräts, z. B. die Festplatte in einem Computer

der Harlekin (franz. ▷ ital. ▷ franz.)
Spaßmacher, Hanswurst, Clown

harmonieren (griech. ▷ lat. ▷ franz.)
gut zusammenpassen,
gut miteinander auskommen
Farben können harmonieren,
Menschen auch.

harmonisch (griech. ▷ lat.)
ausgeglichen, gut zusammenpassend
ein harmonisches Familienleben

die Harpune
(germ. ▷ franz. ▷ niederl.)
Wurfspeer mit Widerhaken, der
zum Fischfang benutzt wird

die Havarie (arab. ▷ franz.)
* durch einen Unfall verursachter
Schaden an Schiffen und
Flugzeugen
mit schwerer Havarie im Hafen
liegen
* Beschädigung an technischen
Anlagen
eine schwere Havarie in einem
Kraftwerk beheben

das Headset (engl.)
am Kopf getragenes Gerät mit
Kopfhörer und Mikrofon

die Hektik (griech.)
fieberhafte Eile, Unruhe

hektisch (griech.)
angespannt, aufgeregt
hektisch hin und her rennen

das Helium (griech. ▷ lat.)
ungiftiges Gas, das für Ballons und
Luftschiffe verwendet wird

die Hemisphäre (griech. ▷ lat.)
Erdhälfte

das Herbarium (lat.)
Sammlung gepresster oder
getrockneter Pflanzen und
Pflanzenteile
ein Herbarium anlegen

hermetisch (griech.)
undurchdringlich, dicht
verschlossen
Die Gegend wurde hermetisch
abgeriegelt.

heroisch (griech. ▷ lat.)
heldenhaft, furchtlos, beherzt
eine heroische Tat

heterosexuell (griech. ▷ lat.)
sich zum anderen Geschlecht hingezogen fühlend, ein Mann zu einer
Frau, eine Frau zu einem Mann
ein heterosexuelles Paar

die Hierarchie (griech.)
Rangfolge, Rangordnung
In einem Wolfsrudel herrscht eine
strenge Hierarchie.

die Hieroglyphe (griech.)
* Zeichen einer Bilderschrift,
z. B. im alten Ägypten
* nur im Plural: Hieroglyphen;
unleserliche Schrift, Geschmiere

high..., High... (engl.)
hoch
Highlight, high sein, Hightech

das Highlight (engl.)
Höhepunkt eines Ereignisses oder
einer Veranstaltung
Das Feuerwerk war das Highlight
des Abends.

der Horizont

die Highschool (engl. ▷ amerik.)
amerikanische Bezeichnung für: weiterführende Schule

high sein (engl.; dt.)
in Hochstimmung sein, z. B. vor lauter Begeisterung, aber auch nach der Einnahme von Drogen

das/die Hightech (engl.)
Kurzwort für: „high technology"; Technik, die dem neuesten Stand entspricht
Die Autos von heute sind mit jeder Menge Hightech ausgerüstet.

der Hinduismus (pers. ▷ lat.)
eine der fünf Weltreligionen

hip (engl.)
modern, dem Trend entsprechend
Ganz schön hip, dein Täschchen!

der Hip-Hop, auch: **Hiphop** (engl. ▷ amerik.)
Musikstil mit Sprechgesang, Jugendkultur
In der Tanz-AG werden Hip-Hop, Jazzdance und Breakdance angeboten.

historisch (griech. ▷ lat.)
geschichtlich, überliefert
in historischen Kostümen auftreten

der Hit (engl.)
etwas, was sehr beliebt ist
als Hit in den Charts landen

das Hobby (engl.)
Beschäftigung, der man in der Freizeit nachgeht
Ihre Hobbys sind Reiten und Lesen.

das Hockey (engl.)
Ballsport mit Toren und gekrümmten Schlägern

der Holocaust (griech. ▷ lat. ▷ engl.)
Massenvernichtung von Menschen, besonders der Juden während der Nazizeit

das Homebanking, auch: **Home-Banking** (engl.)
Erledigen von Bankgeschäften mithilfe eines Computers von zu Hause aus

die Homepage (engl.)
Einstiegsseite und Sammlung von Informationen, z. B. über eine Person oder Firma, im Internet
eine Homepage einrichten

der Hometrainer, auch: **Home-Trainer** (engl.)
Sportgerät für den Hausgebrauch
auf dem Hometrainer sitzend fernsehen

homogen (griech.)
einheitlich, gleichartig
ist eine homogene Gruppe

die Homöopathie (griech.)
Verfahren zur Heilung von Krankheiten

der Homo sapiens (lat.)
wissenschaftliche Bezeichnung für den Menschen
Die ältesten Überreste eines Homo sapiens sind ungefähr 195 000 Jahre alt.

homosexuell (griech. ▷ lat.)
sich zum gleichen Geschlecht hingezogen fühlend, ein Mann zu einem anderen Mann, eine Frau zu einer anderen Frau
ein homosexuelles Paar

das Honorar (lat.)
Bezahlung für freiberufliche Tätigkeiten
ein Honorar aushandeln

honorieren (lat. ▷ franz.)
anerkennen, würdigen
eine Leistung honorieren

der Hooligan (engl.) !
Randalierer, besonders beim Fußball

der Horizont (griech. ▷ lat.)
sichtbare Linie, an der Himmel und Erde aneinanderzustoßen scheinen
ein Schiff am Horizont

horizontal (griech. ▷ lat.)
waagerecht

das Horoskop (griech. ▷ lat.)
Voraussage über kommende Ereignisse mithilfe des Planetenstandes
ein Horoskop lesen

der Horror (lat.)
Abscheu, Schauder, Entsetzen
Horrorfilm

das Hospital (lat.)
Krankenhaus

hospitieren (lat. ▷ franz.)
besuchen, beobachten
In unserer Klasse hospitiert eine Lehrerin aus England.

das Hospiz (lat.)
Sterbehaus
Bis zu seinem Tod wurde er in einem Hospiz betreut.

die Hostess (lat. ▷ franz. ▷ engl.)
* Angestellte einer Fluggesellschaft
* Beraterin oder Betreuerin, z. B. auf Messen oder in Hotels

das Hotel (lat. ▷ franz.)
Unterkunft, größeres Haus, in dem Gäste gegen Bezahlung übernachten können
ein Hotelzimmer buchen

die Hotline (engl.) !
Kundentelefon, Auskunfts- und Beratungsdienst
bei der Hotline anrufen

human (lat.)
menschenwürdig, menschlich
humane Arbeitsbedingungen

humanitär (lat.)
wohltätig, Not lindernd
humanitäre Hilfe

der Humor (lat. ▷ franz. ▷ engl.)
Fähigkeit, über etwas zu lachen
Humor haben

der Hurrikan (indian. ▷ span. ▷ engl.) (!)
tropischer Wirbelsturm
Ein Hurrikan kann sehr stark wüten und große Schäden anrichten.

das Hybridauto (griech.)
umweltfreundliches Auto, bei dem ein Elektro- und ein Benzinmotor miteinander verbunden sind
Hybridautos könnten sich zu einer Alternative zu Fahrzeugen mit reinem Benzin- oder Dieselantrieb entwickeln.

der Hydrant (griech. ▷ lat.)
Zapfstelle für Wasser
Die Feuerwehrleute schlossen den Schlauch an den Hydranten an.

die Hygiene (griech. ▷ lat.)
Sauberkeit, Maßnahmen, um etwas sehr sauber zu halten
Bei mangelnder Hygiene können sich sehr schnell Krankheiten ausbreiten.

hygienisch (griech. ▷ lat.)
sehr sauber, rein
etwas hygienisch verpacken

die Hymne (griech. ▷ lat.)
feierlicher Gesang, auch Kurzwort für: Nationalhymne
Bei der Hymne standen alle Zuschauer auf.

der Hype (engl.) (!)
Spektakel, das Aufsehen erregt und mitreißt; Medienrummel
Um die Sängerin ist ein riesengroßer Hype entstanden.

hyper..., Hyper... (griech.)
über das Maß hinaus
Hyperaktivität, hypermodern, hypersensibel

die Hyperaktivität (griech.; lat.)
übersteigerter Bewegungsdrang
unter Hyperaktivität leiden

hypermodern (griech.; lat. ▷ franz.)
übertrieben modern

hypersensibel (griech.; lat.)
überaus empfindlich, empfindsam
hypersensibel reagieren

hyperventilieren (griech.; lat. ▷ franz.)
übermäßig, zu viel und zu hektisch atmen
In ihrer Panik begann sie zu hyperventilieren.

hypnotisieren (griech. ▷ franz.)
in eine Art Schlaf versetzen
Der Zahnarzt hypnotisierte die Patientin.

hypnotisiert (griech. ▷ franz.)
gebannt
Wie hypnotisiert starrte er geradeaus.

der Hypochonder (griech. ▷ lat.)
jemand, der sich einbildet, krank zu sein

die Hypothese (griech. ▷ lat.)
Vermutung, Behauptung

hysterisch (griech. ▷ lat.)
übertrieben aufgeregt, überspannt
hysterisch kreischen

I

das Icon (griech.)
Bildsymbol für eine Datei oder ein Programm auf dem Computer
Ein Icon auswählen und anklicken!

ideal (griech. ▷ lat.)
ausgezeichnet, vollkommen
ein ideales Klima

idealistisch (griech. ▷ lat.)
selbstlos, engagiert, von einer Idee überzeugt
eine idealistische Ärztin

die Idee (griech. ▷ lat. ▷ franz.)
Einfall, Gedanke, Vorstellung

identifizieren (lat. ▷ franz.)
eindeutig wiedererkennen
einen Toten identifizieren

sich identifizieren (lat. ▷ franz.)
sich hineinversetzen, einstehen für
sich mit einer Mannschaft identifizieren

identisch (lat.)
völlig gleich, deckungsgleich
Die Zwillinge sehen identisch aus.

das Idol (griech. ▷ lat.)
Vorbild, Wunschbild, Schwarm
einen Popstar als Idol verehren

idyllisch (griech. ▷ lat.)
beschaulich, friedlich
eine idyllische Landschaft

der/das Iglu (eskim.)
runde Schneehütte der Eskimos

ignorant (lat.)
unwissend, überheblich
eine ignorante Äußerung

ignorieren (lat. ▷ franz.)
absichtlich nicht sehen wollen, nicht beachten
Kleine Störungen ignoriert meine Lehrerin.

illegal (lat.)
ungesetzlich, gesetzeswidrig
illegale Handlungen

illuminieren (lat. ▷ franz.)
festlich beleuchten
Der Park wurde abends prächtig illuminiert.

die Illusion (lat. ▷ franz.)
Einbildung, Wunschvorstellung
sich keine Illusionen machen

illusorisch (lat.)
vergeblich, trügerisch
Es ist völlig illusorisch, den Zug noch erreichen zu wollen.

die Illustration (lat. ▷ franz.)
gezeichnetes Bild, z. B. in einem Buch oder in einer Zeitschrift

illustrieren (lat. ▷ franz.)
einen Text mit Bildern versehen, einen Vorgang mit Bildern erläutern, anschaulich machen
eine illustrierte Bastelanleitung

das Image (lat. ▷ franz. ▷ engl.)
Vorstellung, Bild oder Meinung über eine Person, eine Sache oder eine Gruppe
Diese Äußerung schadete dem Image des Politikers.

imitieren (lat. ▷ franz.)
nachmachen, nachahmen
Stimmen imitieren

immens (lat.)
außerordentlich groß
ein immenser Aufwand

der Immigrant (lat.)
Einwanderer
Viele Immigranten kommen aus Kriegsgebieten.

immun (lat.)
widerstandsfähig gegen Krankheiten oder Verhaltensweisen anderer Menschen
gegen Masern immun sein, gegen Kritik immun sein

der Imperativ (lat.)
Befehlsform

das Imperfekt (lat.)
Zeitform des Verbs, Vergangenheitsform, Präteritum

das Imperium (lat.)
Weltreich, Großmacht
Das Römische Imperium beherrschte zu seiner Glanzzeit den gesamten Mittelmeerraum.

das Implantat (lat.)
dem Körper eingepflanztes künstliches Material
Ein Zahn musste gezogen und ein Implantat eingesetzt werden.

imponieren (lat. ▷ franz.)
beeindrucken, Bewunderung hervorrufen
Die Leistungen der Jungen beim Breakdance imponierten uns allen.

importieren (lat. ▷ franz. ▷ engl.)
Waren aus dem Ausland einführen und verkaufen

imposant (lat. ▷ franz.)
sehr eindrucksvoll, großartig
ein imposantes Gebäude

impotent (lat.)
unfruchtbar, unfähig, Kinder zu zeugen

imprägnieren (lat. ▷ franz.)
gegen Feuchtigkeit und Zerfall schützen, wasserabweisend machen
Wanderschuhe imprägnieren

improvisieren (lat. ▷ ital. ▷ franz.)
* etwas mit einfachen Mitteln herstellen
Weil wir nicht genug Klebeband hatten, mussten wir improvisieren.
* etwas frei erfinden
Den Mittelteil des Musikstücks improvisierte Lena.

impulsiv (lat.)
spontan, einer plötzlichen Eingebung folgend, sprunghaft
Tim ist unberechenbar. Er reagiert oft ziemlich impulsiv.

indirekt (lat.)
nicht geradeheraus, nicht unmittelbar
Indirekt gab ich meiner Mutter zu verstehen, dass sie nervte.

indiskret (lat. ▷ franz.)
zudringlich, nicht verschwiegen
indiskrete Fragen stellen

die Individualität (lat.)
Besonderheit, Eigenart

individuell (lat. ▷ franz.)
auf die einzigartige Person bezogen, persönlich
Beim Kauf meiner Brille wurde ich individuell beraten.

das Indiz (lat.)
* Hinweis, Anzeichen
Fieber ist ein Indiz für eine Krankheit.
* meist im Plural: Indizien; Beweismittel
aufgrund von Indizien verurteilen

industriell (lat.)
in großen Mengen, maschinell hergestellt
Industriell gefertigte Produkte sind billiger als von Hand hergestellte.

ineffektiv (lat.)
unwirksam, nicht zum Erfolg führend
eine total ineffektive Methode

infam (lat.)
bösartig, gemein, durchtrieben
eine infame Lüge

infantil (lat.)
kindisch, albern

der Infarkt (lat.)
Unterbrechung der Blutzufuhr, z. B. beim Herzinfarkt

die Infektion (lat. ▷ franz.)
Ansteckung durch Krankheitserreger
eine Darminfektion, eine Infektion am Auge

das Inferno (lat. ▷ ital.)
Katastrophe, schreckliches Geschehen
Das Feuer verwandelte die Disco innerhalb weniger Minuten in ein Inferno.

der Infinitiv (lat.)
Grundform des Verbs

sich infizieren (lat. ▷ franz.)
sich anstecken, Krankheitskeime aufnehmen
Wahrscheinlich habe ich mich bei einem Krankenbesuch infiziert.

die Inflation (lat. ▷ franz.)
Geldentwertung, bei der alle Waren immer teurer werden; Preisanstieg
Die Inflation war unerwartet niedrig.

die Informatikerin (lat.)
Fachfrau auf dem Gebiet der Datenverarbeitung

die Information (lat. ▷ franz.)
Kurzwort: Info; Nachricht, Mitteilung, Auskunft
Informationen weitergeben

informativ (lat.)
Wissen vermittelnd, lehrreich
eine interessante und informative Sendung

die Infusion (lat. ▷ franz.)
Einführung von Flüssigkeit in den Körper
Sie bekam eine Infusion, um ihren Flüssigkeitsverlust auszugleichen.

der Ingenieur (lat. ▷ franz.) (!)
an einer Hoch- oder Fachhochschule ausgebildeter Fachmann auf dem Gebiet der Technik
Bauingenieur

inhalieren (lat. ▷ franz.)
Dämpfe einatmen, z. B. von Heilmitteln bei Erkältungen

die Initiative (lat. ▷ franz.)
* erster Anstoß, etwas zu tun
die Initiative ergreifen
* Zusammenschluss von Menschen mit einem gemeinsamen Ziel
Bürgerinitiative

die Injektion (lat. ▷ franz.)
Einspritzen eines Medikamentes oder einer Flüssigkeit
eine Injektion verabreichen

inklusive (lat.)
einschließlich, inbegriffen
Die Reise kostet 399 Euro, inklusive Flug und Unterkunft.

inkognito (lat. ▷ ital.)
unter fremdem Namen, unerkannt
Der Star wollte inkognito reisen, wurde aber sofort erkannt.

inkompetent (lat.)
nicht zuständig, unfähig
ein total inkompetenter Mitarbeiter

inkonsequent (lat.)
widersprüchlich, wechselhaft
sich inkonsequent verhalten

das Inlineskating (engl.) (!)
Rollschuhlaufen auf schmalen, in einer Linie angeordneten Rollen

die Innovation (lat. ▷ franz.)
Einführung von etwas Neuem, Neuheit, Verbesserung
Mein Handy ist eine echte Innovation.

inoffiziell (lat. ▷ franz.)
* nicht amtlich, vertraulich
Inoffiziell war längst bekannt, wer die Wahl gewonnen hatte.
* nicht förmlich, nicht feierlich
Opa möchte keine große festliche Verabschiedung, sondern nur eine kleine inoffizielle Feier.

in petto haben (lat. ▷ ital.; dt.)
etwas bereit haben, im Sinne haben
Meine Oma hat oft eine Überraschung in petto.

in sein (engl.; dt.)
in Mode sein, gefragt sein
Diese Hosenlänge ist in.

das Insekt (lat.)
einzelnes Exemplar einer bestimmten Tiergruppe, die überall vorkommt außer im Meer
Ameisen, Bienen und Fliegen sind Insekten.

inkognito

das Inserat (lat.)
Anzeige, z. B. in einer Zeitung
ein Inserat aufgeben

der Insidertipp (engl.)
guter Hinweis, den einer gibt, der Informationen hat, die andere nicht haben

die Insolvenz (lat.)
Zahlungsunfähigkeit
Die Firma war pleite und musste Insolvenz anmelden.

die Inspektion (lat. ▷ franz.)
Prüfung, Kontrolle
das Auto zur Inspektion bringen

inspirieren (lat. ▷ franz.)
zu etwas anregen
Durch die Musik wurde sie zum Tanzen inspiriert.

der Installateur (lat. ▷ franz.)
Handwerker, der technische Anlagen in einem Haus einbaut und sie wartet, z. B. Heizung, Wasser- oder Gasanschluss
einen Installateur bestellen

installieren (lat. ▷ franz.)
einrichten, einbauen, anschließen, anbringen
eine Waschmaschine installieren, ein Programm installieren

instinktiv (lat. ▷ franz.)
* durch angeborenes Verhalten gelenkt
Säugetier- und Menschenkinder saugen nach der Geburt instinktiv an der Brust der Mutter.
* von einem sicheren Gefühl geleitet, gefühlsmäßig
Als der Ball auf sie zuflog, duckte sie sich instinktiv.

das Institut (lat.)
Einrichtung, die bestimmte Aufgaben wahrnimmt
Institut für Meeresbiologie

das Instrument (lat.)
* Kurzwort für: Musikinstrument
mehrere Instrumente spielen
* Arbeitsgerät, feines Werkzeug
optische Instrumente, z. B. Fernglas und Kamera

inszenieren (lat. ▷ franz.)
* aufführen, veranstalten
Der Regisseur inszenierte drei neue Stücke am Stadttheater.
* einfädeln, geschickt vorbereiten
Er hat diesen Streit richtiggehend inszeniert.

intakt (lat.)
funktionsfähig, unbeschädigt
Nach dem Orkan blieben nur wenige Stromleitungen intakt.

die Integration (lat. ▷ franz.)
Eingliederung
die Integration der Zuwanderer in unsere Gesellschaft

integrieren (lat. ▷ franz.)
eingliedern, aufnehmen, z. B. in die Gesellschaft, in ein Team, in die Klassengemeinschaft

intelligent (lat.)
klug, begabt

die Intelligenz (lat.)
geistige Fähigkeit, Klugheit
Aufgrund seiner hohen Intelligenz konnte er eine Klasse überspringen.

intensiv (lat. ▷ franz.)
stark, besonders gründlich
ein intensiver Schmerz,
eine intensive Vorbereitung

die Intensivstation (lat.)
Krankenhausabteilung zur Betreuung lebensgefährlich erkrankter oder verletzter Personen
Sie lag nur einen Tag auf der Intensivstation.

inter..., Inter... (lat.)
zwischen, unter, inmitten
Interesse, international, Intervall

interessant (lat. ▷ franz.)
spannend, anregend, wissenswert
ein interessanter Film

das Interesse (lat.)
besondere Aufmerksamkeit, Beachtung, Vorliebe
das Interesse wecken

intern (lat.)
nicht öffentlich, im engsten Kreis
ein Problem intern lösen und nicht an die große Glocke hängen

das Internat (lat.)
Schule, in der Schüler auch wohnen und verpflegt werden

international (lat.)
zwischen den Staaten bestehend, weltweit
internationale Zusammenarbeit

das Internet (engl.)
Kurzwort für: internationales Netzwerk; weltweites Computernetz
im Internet surfen

die Invasion

das Internetcafé (engl.; franz.)
Café, in dem Gäste das Internet benutzen können
Um im Urlaub E-Mails abzufragen, gehen wir in ein Internetcafé.

der Interpret (lat.)
jemand, der einem Publikum eine künstlerische Darbietung vorträgt, z. B. einen Musiktitel

interpretieren (lat. ▷ franz.)
erklären, vortragen, deuten
ein Gedicht interpretieren, eine Geste interpretieren

das Intervall (lat.)
* Zeitabstand, Zeitspanne
Sie trainiert in Intervallen von zwei Wochen.
* Abstand zweier Töne
Der Kuckuck ruft in einem bestimmten Intervall.

das Interview (lat. ▷ franz. ▷ engl.) !
Befragung einer Persönlichkeit zu bestimmten Themen
ein Interview führen

interviewen (lat. ▷ franz. ▷ engl.) !
jemanden befragen
einen Politiker interviewen

intim (lat.)
sehr nah, vertraut, innig
ein intimer Freund der Familie

intolerant (lat. ▷ franz.)
andere Meinungen nicht duldend, engstirnig
Sei doch deinen Mitschülerinnen gegenüber nicht so intolerant!

die Intrige (lat. ▷ franz.)
hinterhältiges Tun, mit dem man jemandem schaden will
Unsere Nachbarin wurde Opfer einer Intrige.

intrigieren (lat. ▷ franz.)
mauscheln, aufhetzen, einen gegen den anderen ausspielen
In seiner Abwesenheit wurde gegen ihn intrigiert.

intuitiv (lat.)
ohne nachzudenken, gefühlsmäßig
Sie traf intuitiv die richtige Entscheidung.

die Invasion (lat. ▷ franz.)
Einmarsch von Truppen in ein fremdes Gebiet
Die Verbündeten planen eine Invasion.

das Inventar (lat.)
alle Einrichtungsgegenstände eines Hauses oder eines Geschäftes
Das ganze Inventar wurde versteigert.

die Inventur (lat.)
Bestandsaufnahme am Ende eines Geschäftsjahres
Wegen Inventur heute geschlossen!

investieren (lat. ▷ franz.)
Geld oder Zeit in etwas hineinstecken, z. B. in eine Ausbildung
Der Förderverein der Schule investierte 3000 Euro in ein neues Klettergerüst.

involviert sein (lat. ▷ franz.)
in eine Sache verwickelt sein
in eine Rauferei involviert sein

der Inzest (lat.)
Geschlechtsverkehr zwischen Blutsverwandten wie Geschwistern oder Eltern und Kindern
Inzest ist in Deutschland gesetzlich verboten.

ironisch (griech. ▷ lat.)
spöttisch, witzig
Manchmal versteht man ironische Bemerkungen nicht und nimmt sie ernst.

irreal (lat.)
unwirklich, wirklichkeitsfern
völlig irreale Vorstellungen

irritieren (lat. ▷ franz.)
beunruhigen, verunsichern
Die Mannschaft ließ sich durch das frühe Führungstor nicht irritieren.

der Islam (arab.)
eine der fünf Weltreligionen

isolieren (lat. ▷ ital. ▷ franz.)
* streng voneinander trennen, absondern
Die Menschen, die an Schweinegrippe erkrankt waren, wurden wegen der Ansteckungsgefahr so gut es ging isoliert.
* abdichten
Der Fensterbauer isoliert unsere alten Fenster.

die Isomatte (lat. ▷ ital. ▷ franz.; dt.)
Kurzwort für: Isoliermatte;
dünne Unterlage aus Schaumstoff
auf einer Isomatte schlafen

J

der Jackpot (engl.) !
besonders hoher Gewinn, Gesamtgewinn beim Glücksspiel
den Jackpot knacken

der Jargon (franz.) !
Sondersprache, besondere Ausdrucksweise, z. B. von Jugendlichen oder Computerfreaks
sich im Jargon der Schüler auskennen

der Jazz (engl.) !
aus der Volksmusik der Schwarzen entstandener Musikstil
Sie liebt Pop, Rock und Jazz.

der Jazzdance (engl.) !
ein Tanzstil, den man zu Jazzmusik und zu Titeln aus den Pop-Charts tanzt

die Jeans (engl.) !
Kurzwort für: Bluejeans; Hose aus früher nur blauem Baumwollstoff

der Jeep (engl.) !
geländegängiges Fahrzeug mit starkem Motor und Vierradantrieb
mit einem Jeep auf unbefestigten Straßen fahren

der Jet (engl.) !
Kurzwort für: Jetliner; Düsenflugzeug

der Jetlag (engl.) !
Störung des Tag-Nacht-Rhythmus, der sich durch eine Zeitverschiebung auf Flugreisen ergibt

jetten (engl.)
mit einem Jet fliegen
Der Banker jettet zwischen New York und Frankfurt hin und her.

der Job (engl. ▷ amerik.)
Gelegenheitsarbeit, Arbeitsplatz
in den Ferien einen Job annehmen

jobben (engl. ▷ amerik.)
eine Gelegenheitsarbeit ausführen
Ich jobbe nicht als Babysitter, sondern als Hundesitter.

das Jobsharing (engl.)
Aufteilung eines Vollzeitarbeitsplatzes unter mehreren Personen
Meiner Mutter liegt ein Jobsharing-Angebot vor.

der Jockey, auch: **Jockei** (engl.)
berufsmäßiger Rennreiter

das/der Joga → Yoga

joggen (engl.)
locker, in mäßigem Tempo laufen

der Joker (lat. ▷ engl.)
Spielkarte, die für jede andere Karte einsetzbar ist
Jan hat zwei Joker auf der Hand.

jonglieren (lat. ▷ franz.)
mehrere Gegenstände gleichzeitig in die Luft werfen und auffangen
mit Bällen und Keulen jonglieren

das Joule
Maßeinheit für den Energiewert von Lebensmitteln
100 g Schokolade entsprechen etwa 2500 Joule.

der Journalist (franz.)
Person, die für eine Zeitung oder andere Medien Beiträge erarbeitet
Die Kanzlerin wird oft von Journalisten umlagert.

der Joystick (engl.)
Steuerhebel für Computerspiele

der Jubilar (lat.)
jemand, der ein Jubiläum feiert

das Jubiläum (lat.)
festlich begangener Jahrestag
das 25-jährige Dienstjubiläum

das Judentum (hebr. ▷ lat.)
eine der fünf Weltreligionen

das Judo (jap.)
asiatischer Ringkampf

der Jumbojet, auch: **Jumbo-Jet** (engl. ▷ amerik.)
Kurzwort: Jumbo; Großraumflugzeug
Jumbojets fliegen auf Langstreckenflügen.

der Junior (lat.)
* Sohn im Verhältnis zum Vater
Der Junior hilft seinem Vater im Geschäft.
* junger Sportler bis zu einem bestimmten Alter
Maximilian turnt noch bei den Junioren.

das Junkfood, auch: **Junk-Food** (engl.)
Nahrung von geringem Nährwert, aber von hoher Kalorienzahl
Junkfood ist sehr fett- und zuckerhaltig.

der Junkie (engl.)
Drogenabhängiger

Jura (lat.)
Rechtswissenschaft
Jura studieren

die Jury (lat. ▷ franz.)
eine Gruppe von Personen, die die Aufgabe hat, von Sachen oder Personen die besten auszuwählen
eine vierköpfige Jury

das Juwel (lat. ▷ franz. ▷ niederl.)
meist im Plural: Juwelen; Edelstein, Schmuckstück
Der Juwelier bewahrt seine Juwelen nachts im Safe auf.

der Jux (lat.)
Spaß, Scherz, Streich
aus Jux und Tollerei ärgern

K

das Kabarett (franz.)
eine Darbietung, in der auf witzige Weise Kritik z. B. an Politikern und Ereignissen geübt wird

das Kabinett (franz.)
* aus Ministern und Ministerinnen sowie dem Kanzler oder der Kanzlerin bestehende Regierung
Das Kabinett tagt jede Woche.
* kleiner Raum, in dem etwas ausgestellt wird
das Wachsfigurenkabinett

der Kadaver (lat.)
toter Körper eines Tieres
Nach der Havarie des Öltankers wurden überall Kadaver angeschwemmt.

der/das Kajak (eskim.)
schmales Paddelboot
Unser Kajak muss repariert werden.

kalkulieren (lat.)
im Voraus berechnen, abschätzen
Wir müssen die Kosten für unsere Klassenfahrt genau kalkulieren.

die Kalorie (lat.)
Maßeinheit für den Energiewert von Lebensmitteln
100 g Schokolade enthalten etwa 600 Kalorien.

die Kamera (lat.)
* Gerät, mit dem man Fotografien machen kann
Meine neue Kamera macht tolle Fotos.
* Gerät, mit dem man Fernseh- und Filmaufnahmen machen kann
Er lächelte in die Kamera.

der Kamin (lat.)
Feuerstelle mit Luftabzug
am Kamin sitzen

die Kampagne (franz.)
groß angelegte, zeitlich begrenzte Aktion für oder gegen etwas
eine Wahlkampagne unterstützen

kampieren (lat. ▷ ital. ▷ franz.)
im Freien für einige Zeit sein Lager aufschlagen
im Freien kampieren

der Kanal (lat. ▷ ital.)
* künstlicher Wasserlauf, z. B. der Nord-Ostsee-Kanal
* unterirdischer Graben mit Rohrleitungen für Abwässer
* Frequenzbereich eines Fernseh- oder Radiosenders, z. B. des WDR

die Kanalisation (ital.)
System aus Röhren und Kanälen zum Ableiten der Abwässer, z. B. der Niederschläge
Wegen Arbeiten an der Kanalisation wurde die Straße gesperrt.

der Kandidat (lat.)
Person, die sich um etwas bewirbt
Für diesen Posten bewarben sich zwei Kandidaten und eine Kandidatin.

kandidieren (lat. ▷ franz.)
sich zur Wahl stellen, sich um etwas bewerben
Lissi kandidiert für das Amt der Schulsprecherin.

die Kantine (franz.)
Speiseraum, z. B. in Schulen, Betrieben, Fabriken
Mittags gehen wir in die Kantine.

das Kanu (karib.)
* kleines Sportboot
* als Boot benutzter ausgehöhlter Baumstamm

die Kanzlei (lat.)
Büro, z. B. eines Rechtsanwalts oder eines Steuerberaters

die Kanzlerin (lat.)
Regierungschefin eines Staates

die Kapazität (lat.)
* Fähigkeit, eine bestimmte Menge von etwas aufzunehmen
Die Speicherkapazität meines Rechners ist riesig.
* Experte, Expertin
Dieser Forscher ist eine Kapazität auf seinem Gebiet.

die Kapelle (lat.)
* kleine Kirche oder abgeteilter Raum für Gottesdienste
Taufkapelle, Krankenhauskapelle
* Gruppe von Musikern
Blaskapelle

kapern (niederl.)
erbeuten
ein Schiff, ein Flugzeug kapern

kapieren (lat.)
verstehen, begreifen
Kapiert?

das Kapital (ital.)
Geld und Vermögen, das für Geschäfte verwendet wird
Sie hat ihr Kapital gut angelegt.

der Kapitän (lat. ▷ franz. ▷ ital.)
* Führer eines Schiffes oder Flugzeuges
* Anführer einer Mannschaft

das Kapitel (lat.)
Abschnitt in einem Buch, z. B. das Schlusskapitel

kapitulieren (franz.)
sich ergeben, aufgeben, nachgeben
Man kann vor einem Feind, aber auch vor einer schwierigen Aufgabe kapitulieren.

kaputt (franz.)
entzwei, zerbrochen, erschöpft

das Karacho (span.)
große Geschwindigkeit
mit Karacho um die Ecke sausen

die Karambolage (franz.) !
Zusammenstoß, Zusammenprall mehrerer Fahrzeuge
Im Nebel kam es zur Karambolage.

das Karate (jap.)
asiatischer Kampfsport zur Selbstverteidigung

die Karawane (pers.)
Personen, Autos oder Tiere, die sich in einem langen Zug fortbewegen
in einer Karawane durch die Wüste ziehen

die Karies (lat.)
Zerstörung des Zahnschmelzes
an Karies leiden

die Karikatur (ital.)
Zeichnung, die Personen oder Ereignisse kritisiert und auf die Schippe nimmt

karitativ (lat.)
wohltätig, sozial
für karitative Zwecke spenden

die Karosse (franz.)
Prunkwagen, eleganter Wagen
Die Politiker fuhren in ihren Staatskarossen vor.

die Karosserie (franz.)
Teil des Autos, das auf dem Fahrgestell ruht
eine formschöne Karosserie

die Karriere (franz.)
Laufbahn, Aufstieg
Karriere machen

die Kartei (ital.)
geordnete Sammlung von beschrifteten Karten
mit einer Rechtschreibkartei üben

der Karton (ital. ▷ franz.) !
* Pappe, sehr festes Papier, z. B. Fotokarton
* Pappschachtel

das Karzinom (griech. ▷ lat.)
bösartige Krebsgeschwulst

kaschieren (franz.)
Mängel verdecken, verbergen
Mit einem Schal kaschierte Mama den Fleck auf ihrer Bluse.

die Kaserne (franz.)
Gebäude, in dem Soldaten untergebracht sind

die Kaskade (ital. ▷ franz.)
stufenförmiger Wasserfall
Das Wasser fiel in Kaskaden in den See.

die Kasse (ital.)
* Stelle, an der man bezahlt
Kinokasse, Ladenkasse
* verschließbarer Behälter, in dem Geld aufbewahrt wird
Klassenkasse

die Kassette (franz.)
* Kästchen für Wertsachen
Schmuckkassette
* Datenträger mit Magnetband
Videokassette, Musikkassette

kassieren (lat. ▷ ital. ▷ franz.)
einsammeln, abknöpfen
Gebühren kassieren

der Kassierer (ital.)
Angestellter eines Unternehmens an der Kasse, z. B. eines Supermarktes

das Kastell (lat.)
militärische Befestigungsanlage, Burg, Schloss

kastrieren (lat.)
Fortpflanzungsorgane entfernen
Wir haben lange überlegt, unseren Kater kastrieren zu lassen.

der Kat (griech. ▷ lat.)
Kurzwort für: Katalysator; Vorrichtung, mit der Schadstoffe in Autoabgasen umweltfreundlich abgebaut werden

der Katalog (griech. ▷ lat.)
Verzeichnis oder Zusammenstellung von Sachen oder Ähnlichem
Kleiderkatalog, Fragenkatalog, Reisekatalog, Ausstellungskatalog

katastrophal (griech. ▷ lat.)
grauenhaft, entsetzlich, furchtbar
katastrophale Zustände

die Katastrophe (griech.)
Unglück von großem Ausmaß und mit entsetzlichen Folgen
verheerende Naturkatastrophen

die Kathedrale (griech. ▷ lat.)
große Kirche, wie ein Dom oder ein Münster
die Glocken der Kathedrale

die Kaution (lat. ▷ franz.)
Geld, das zur Sicherheit hinterlegt wird, z. B. beim Mieten einer Wohnung oder für die Freilassung einer Person in Untersuchungshaft
zwei Monatsmieten als Kaution bezahlen, einen Steuerhinterzieher auf Kaution freilassen

das Kerosin (griech.)
besonderes Brennöl für Flugzeug- und Raketentriebwerke

der Kick (engl.)
* Tritt, Stoß, z. B. beim Fußball
dem Ball einen Kick versetzen
* Nervenkitzel, Hochstimmung
für den nötigen Kick sorgen

das Kid (engl.)
meist im Plural: Kids; Kind, Jugendlicher

der Kidnapper (engl.)
jemand, der einen Menschen entführt und Lösegeld erpresst

das Kilo (griech.)
Kurzwort für: Kilogramm, Zeichen: kg; Gewichtsangabe, 1 kg = 1000 g

das Kilobyte (griech. ▷ engl.)
Zeichen: KB, KByte; Maßeinheit für Datenmengen beim Computer, 1 KByte = 1024 B (Byte)

der Kilometer (griech.)
Zeichen: km; Längenmaß, 1 km = 1000 m

der Kiosk (pers. ▷ türk. ▷ franz.)
Verkaufsstand für Zeitungen, Getränke, Süßigkeiten und mehr

die Klamotte (tschech.)
meist im Plural: Klamotten; Kleidungsstück
teure Klamotten kaufen

der Klan (engl.)
Gruppe, die durch gemeinsame Interessen oder verwandtschaftliche Beziehungen verbunden ist
den ganzen Klan einladen

klassisch (lat.)
zeitlos gültig, meisterhaft
ein klassisches Bilderbuch

klaustrophobisch (lat.; griech.)
krankhafte Angst vor einem Aufenthalt in geschlossenen Räumen habend, z. B. in Aufzügen

die Klientin (lat.)
Kundin bei freiberuflich arbeitenden Fachleuten, z. B. bei einem Anwalt

das Klima (griech. ▷ lat.)
* für ein bestimmtes Gebiet typisches Wetter
Wetter kann sich schnell ändern, das Klima nur sehr langsam.
* Atmosphäre zwischen Personen, Gruppen oder Staaten
Das Klima zwischen den beiden Staaten ist bestens.

die Klinik (griech.)
Krankenhaus

der Klipp → Clip

das Klischee (franz.)
übliche, oft weitverbreitete Vorstellung, die nicht stimmen muss
Es ist ein Klischee, dass Jungen nicht weinen.

die Klitoris (griech.)
Teil der weiblichen Geschlechtsorgane, Kitzler

klonen (engl.)
genetisch gleiche Exemplare von Lebewesen erzeugen
Das erste geklonte Säugetier war das Schaf Dolly.

das Kloster (lat.)
Gebäude, in dem Mönche oder Nonnen leben

der Klub (engl.)
Verein
Mein Fußballklub gehört zu den bekanntesten der Stadt.

das Know-how,
auch: **Knowhow** (engl.)
erlerntes Wissen, wie man eine Sache anwendet
das nötige Know-how haben

die Koalition (franz.)
Bündnis mehrerer Parteien oder Staaten
Nach einer Wahl werden oft neue Koalitionen gebildet.

der Kode → Code

die Koedukation (lat. ▷ engl.)
gemeinschaftlicher Unterricht von Jungen und Mädchen in Schulen

das Kohlendioxid
(dt.; griech. ▷ lat.)
farb- und geruchloses Gas, wichtiger Bestandteil der Luft

das Kohlenhydrat, auch:
Kohlehydrat (dt.; griech. ▷ lat.)
chemische Verbindung
Zucker oder Stärke sind Kohlenhydrate.

das Kohlenmonoxid
(dt.; griech. ▷ lat.)
farb- und geruchloses, sehr giftiges Gas, das z. B. bei der Verbrennung von Benzin entsteht

kokett (franz.)
selbstgefällig, geziert, affig
die Augen kokett aufschlagen

kollabieren (lat. ▷ franz.)
zusammenbrechen
Ein Fan ist in der Hitze kollabiert.

der Kollaps (lat.)
Zusammenbruch, Schwächeanfall
einen Kollaps erleiden

kollegial (lat.)
freundschaftlich, partnerschaftlich, hilfsbereit in einer Gruppe sein
sich kollegial verhalten

kollektiv (lat.)
gemeinschaftlich, alle Beteiligten betreffend
Wir hielten zusammen und akzeptierten die kollektive Strafe.

der Kollektor (lat.)
Vorrichtung, in der Sonnenenergie eingesammelt wird, z. B. auf Häusern, Parkuhren

kollegial

kollidieren (lat. ▷ franz.)
zusammenstoßen, aufeinanderprallen
Schiffe können z. B. kollidieren, aber auch Interessen, wenn sie nicht vereinbar sind.

die Kolonie (lat.)
* Besitz eines Staates auf auswärtigem Gebiet, der meist gewaltsam erworben wurde
England hatte früher Kolonien in der ganzen Welt.
* Ansiedlung, Zusammenschluss
Ameisenkolonie

die Kolonne (franz.)
* Gruppe von Menschen oder Fahrzeugen, die sich hintereinander fortbewegen
eine Lastwagenkolonne auf der Autobahn
* Reihe untereinandergeschriebener Zahlen oder Wörter
Kolonnen von Zahlen auf dem Kassenzettel

kolorieren (lat. ▷ franz.)
mit Farben ausmalen, bemalen
eine kolorierte Zeichnung

kolossal (franz.)
riesig, gewaltig, sehr groß
Sie hat kolossales Glück gehabt.

das Koma (griech.)
tiefste Bewusstlosigkeit
im Koma liegen

der Kombi (lat.)
Kurzwort für: Kombinationswagen; Auto mit großem Kofferraum

kompatibel

kombinieren (lat. ▷ franz.)
* gedanklich miteinander verknüpfen, schlussfolgern
blitzschnell kombinieren
* Verschiedenes zusammenstellen
Kleidungsstücke kombinieren

der Komet (griech. ▷ lat.)
Himmelskörper, Stern mit einem Schweif

der Komfort (franz. ▷ engl.) !
luxuriöse Ausstattung
Das Hotelzimmer war mit allem denkbaren Komfort ausgestattet.

komisch (franz.)
* amüsant, lustig, witzig
ein komischer Film
* sonderbar, eigenartig
Ein echt komischer Vogel, der Typ!

das Komma (griech. ▷ lat.)
Satzzeichen, das z. B. zwischen den Gliedern einer Aufzählung steht

das Kommando (ital.)
* kurzer Befehl, Anweisung, Anordnung
das Kommando zum Abmarsch geben
* Spezialeinheit, Einsatzgruppe
das Überfallkommando

der Kommentar (lat.)
Erläuterung, Bemerkung
einen Kommentar abgeben

kommerziell (franz.)
auf Gewinn bedacht, geschäftlich
Er verfolgte mit seinem Film nicht nur kommerzielle Interessen.

die Kommune (lat. ▷ franz.)
Gemeinde
Bund, Länder und Kommunen bilden zusammen den deutschen Staat.

die Kommunikation (lat. ▷ franz.)
Informationsaustausch, Verständigung miteinander
Wir müssen die Kommunikation untereinander verbessern.

kommunizieren (lat. ▷ franz.)
sich verständigen, miteinander sprechen
Auch Tiere kommunizieren.

kompakt (lat. ▷ franz.)
fest, dicht, stabil
ein kleines kompaktes Wörterbuch

der Komparativ (lat.)
1. Vergleichsstufe des Adjektivs

der Kompass (ital.)
Gerät zur Bestimmung der Himmelsrichtung
Bei unserer Wanderung probierten wir einen Kompass aus.

kompatibel (franz. ▷ engl.)
zueinander passend, miteinander vereinbar, verträglich
Geräte, die miteinander verbunden werden, müssen kompatibel sein.

kompetent (lat.)
sachverständig, zuständig, fähig
eine kompetente Beratung

komplett (franz.)
vollständig, ganz und gar
ein Haus komplett abreißen

komplex (lat.)
vielschichtig, viele verschiedene Dinge umfassend
Die Mathearbeit bestand aus einfachen und komplexen Aufgaben.

die Komplikation (lat. ▷ franz.)
Schwierigkeit, Verschlimmerung
Die Operation verlief ohne Komplikationen.

das Kompliment (span. ▷ franz.)
lobende, schmeichelnde Äußerung
Komplimente machen

der Komplize (franz.)
Person, die bei einer Straftat hilft
Dem Räuber gelang die Flucht nicht, aber seinem Komplizen.

kompliziert (lat. ▷ franz.)
schwierig, mühsam, kniffelig
eine komplizierte Matheaufgabe

das/der Komplott (franz.)
Verschwörung, geheimer Plan
ein Komplott aufdecken

komponieren (lat. ▷ franz.)
ein Musikstück schaffen
ein Lied komponieren

die Kompresse (franz.)
Umschlag, Druckverband
eine Kompresse anlegen

Kompromiss

der Kompromiss (lat.)
Einigung, Ausgleich
einen Kompromiss aushandeln

kondensieren (lat. ▷ franz.)
aus dem gasförmigen in einen flüssigen Zustand übergehen, sich verflüssigen, z. B. Wasser

die Kondition (lat. ▷ franz.)
* körperliche und seelische Verfassung eines Menschen
Ich habe eine gute Kondition.
* Zahlungs- und Lieferbedingung, wenn man etwas kauft oder verkauft
Das Geschäft bietet das Handy zu guten Konditionen an.

kondolieren (lat. ▷ franz.)
sein Beileid aussprechen
Er kondolierte sehr einfühlsam.

das Kondom (engl.)
Überzug aus Gummi für den Penis, um eine Schwangerschaft zu verhüten oder sich z. B. vor Aids zu schützen

das Konfekt (lat. ▷ ital.)
feine Zucker- und Backwaren, z. B. Pralinen, Nugat

die Konferenz (lat.)
Sitzung, Tagung, Treffen
eine Klassenkonferenz einberufen

die Konfession (lat. ▷ franz.)
Gemeinschaft gleichen Glaubens
christliche Konfessionen

der Konflikt (lat.)
* Streit, Reiberei, auch militärische Auseinandersetzung
einen Konflikt diplomatisch lösen
* Zwiespalt, innerer Widerstreit
Ich bin in einem Konflikt: ins Kino gehen oder Oma besuchen?

konfrontieren (lat. ▷ franz.)
gegenüberstellen, jemanden zwingen, sich mit etwas auseinanderzusetzen
Die Beschuldigte wurde mit der Zeugin konfrontiert, Mama mit meinem Entschluss, die Haare zu färben.

die Konferenz

konfus (lat.)
verworren, durcheinander
eine konfuse Angelegenheit

der Kongress (lat.)
Versammlung vieler oder Tagung, bei der über bestimmte Themen gesprochen und beraten wird
Ärztekongress

kongruent (lat.)
übereinstimmend, deckungsgleich
Die beiden geometrischen Formen sind kongruent.

konjugieren (lat. ▷ franz.)
ein Verb beugen

die Konjunktur (lat.)
Wirtschaftslage und -entwicklung
Die Konjunktur verbesserte sich im letzten Halbjahr.

konkret (lat.)
deutlich, wirklich, real
eine konkrete Vorstellung haben

konkurrieren (lat. ▷ franz.)
mit anderen in Wettbewerb treten, wetteifern, rivalisieren
Vieles kann miteinander konkurrieren: Menschen, Städte, Firmen, aber auch Vorschläge.

der Konkurs (lat.)
wirtschaftlicher Zusammenbruch einer Firma
Konkurs anmelden, in Konkurs gehen

der Konrektor (lat.)
Stellvertreter des Schulleiters

konsequent (lat.)
fest entschlossen, unbeirrbar, beharrlich, logisch zwingend
konsequent bleiben, konsequent denken

die Konsequenz (lat.)
* Folge, die sich aus einer Handlung ergibt; Auswirkung
Konsequenzen aus der Klimaerwärmung ziehen
* Beharrlichkeit, Zielstrebigkeit
Ziele mit aller Konsequenz verfolgen

konservativ (lat.)
bewahrend, Neuem gegenüber kritisch und skeptisch
einen konservativen Standpunkt vertreten

konservieren (lat. ▷ franz.)
durch spezielle Behandlung haltbar machen oder erhalten
Gemüse und Fleisch werden konserviert, aber auch archäologische Funde, wie z. B. Ötzi.

der Konsonant (lat.)
Mitlaut

konspirativ (lat.)
geheim, verschwörerisch
eine konspirative Gruppe auflösen

konstant (lat.)
unveränderlich, ständig gleich
mit konstanter Geschwindigkeit fahren

konstruieren (lat. ▷ franz.)
entwerfen, gestalten
eine Maschine konstruieren

konstruktiv (lat.)
einen brauchbaren Beitrag liefernd, aufbauend
Wir lernen im Klassenrat, konstruktive Kritik zu üben und nicht einfach loszuschimpfen.

der Konsum (lat.)
Verbrauch, Verzehr
den Konsum durch höhere Löhne ankurbeln

die Konsumentin (lat.)
Käuferin, Verbraucherin, Kundin
Konsumentinnen für ein bestimmtes Produkt werben

der Kontakt (lat.)
* Verbindung, die man einmal oder in bestimmten Abständen herstellt
Bei einem Notfall sollte man mit der Polizei Kontakt aufnehmen.
* Übergangsstelle für den Strom
einen Wackelkontakt reparieren

kontern (engl.)
schlagfertig erwidern, sich aktiv zur Wehr setzen
Die Politikerin konterte sehr geschickt.

der Kontinent (lat.)
Erdteil, Festland

kontinuierlich (lat. ▷ franz.)
beständig, gleichmäßig
kontinuierlich trainieren

kontra (lat.)
entgegengesetzt, gegen
Bei der Abstimmung gab es Argumente pro und kontra Handyverbot.

der Kontrahent (lat.)
Gegner in einer Auseinandersetzung oder einem Streit
Die Kontrahenten einigten sich schließlich.

der Kontrast (ital.)
starker Gegensatz, auffallender Unterschied
Farbkontrast, den Kontrast auf dem Display einstellen

kontrollieren (franz.)
* nachprüfen, überwachen
Bei einem großen Konzert werden meistens die Ein- und Ausgänge kontrolliert.
* etwas beherrschen
die Geschwindigkeit nicht mehr kontrollieren können

kontrovers (lat.)
einander entgegengesetzt, strittig
Äußerst kontrovers diskutierten wir über die Größe des Fensehbildschirms.

die Kontur (lat. ▷ griech.)
Umriss, Linie
Im Nebel konnten wir nur die Konturen des Hauses erkennen.

konventionell (lat. ▷ franz.)
von herkömmlicher Art, üblich
keine modische, sondern konventionelle Kleidung

die Konversation (lat. ▷ franz.)
zwangloses Gespräch, Unterhaltung
Mein Englisch ist schon so gut, dass ich eine Konversation führen kann.

konvertieren (lat. ▷ franz.)
* zu einem anderen Glauben übertreten
* Informationen von einem Datenträger auf einen anderen übertragen, Daten umwandeln

der Konvoi (franz. ▷ engl.)
Geleitzug, besonders von Autos und Schiffen
Ein laut hupender Konvoi begleitete das Brautpaar.

die Konzentration (franz.)
* höchste Aufmerksamkeit, geistige Anspannung
mit großer Konzentration arbeiten
* Gehaltsangabe für eine Lösung
Im Roten Meer ist die Salzkonzentration so hoch, dass man auf dem Wasser liegen und Zeitung lesen kann.

sich konzentrieren (franz.)
sich geistig sammeln, anspannen
Nicht ablenken lassen: konzentrieren!

das Konzept (lat.)
Entwurf, erste Fassung, z. B. einer Rede oder einer Schrift
Die Schülerin arbeitet am Konzept für ihren Vortrag.

der Konzern (engl.)
wirtschaftlicher Zusammenschluss von Unternehmen
ein Konzern mit einem Umsatz von vielen Millionen Euro

das Konzert (ital.)
Aufführung von Musikstücken
ein Konzert besuchen

sich konzentrieren

die Kooperation (lat. ▷ franz.)
Zusammenarbeit verschiedener Partner
In meiner Gruppe klappt es mit der Kooperation ganz gut.

kooperativ (lat.)
gemeinschaftlich, kollegial
sich kooperativ verhalten

koordinieren (lat. ▷ franz.)
etwas aufeinander abstimmen
Für ein Familienfest müssen wir rechtzeitig die Termine aller Teilnehmer koordinieren.

die Kopie (lat.)
* originalgetreue Wiedergabe einer Vorlage, z. B. eines Zeugnisses
* Nachbildung, Imitation, z. B. eines Gemäldes

der Kopilot (lat.; franz.)
zweiter Pilot in einem Flugzeug oder Rennwagen

korrekt (lat.)
richtig, fehlerfrei, einwandfrei
korrekte Schreibung, korrektes Benehmen

der Korrespondent (franz.)
Berichterstatter, der aktuelle Berichte für Presse, Rundfunk oder Fernsehen liefert
Der Korrespondent berichtet direkt aus der Krisenregion.

korrigieren (lat. ▷ franz.)
etwas berichtigen, auf Fehler hin überprüfen

korrupt (lat.)
bestechlich, käuflich, unehrlich
ein korrupter Regierungsbeamter

koscher (hebr. ▷ jidd.)
den jüdischen Speisegesetzen gemäß
In der Familie meiner Freundin wird koscher gegessen.

die Kosmetik (griech. ▷ franz.)
Schönheitspflege
Kosmetik wird immer mehr auch eine Sache der Männer.

die Kosmonautin (griech. ▷ russ.)
Frau, die an einer Expedition in den Weltraum teilnimmt

der Kosmopolit (griech.)
Weltbürger, Mensch, der schon viel gereist ist

der Kosmos (griech.)
Weltall

sich kostümieren (ital. ▷ franz.)
sich verkleiden, sich maskieren
Meine große Schwester hat sich sehr schrill kostümiert.

der Krawall (lat.)
* heftiger, tumultartiger Aufruhr
Straßenkrawalle
* Lärm, Krach
Macht doch nicht so einen Krawall!

kreativ (lat.)
schöpferisch, erfinderisch, fantasievoll
kreative Ideen und Vorschläge

kredenzen (lat.)
feierlich anbieten, auftischen
Zum Empfang wurde erst einmal ein Glas Sekt kredenzt.

der Kredit (ital.)
Geld, das man sich gegen Zinsen von der Bank leiht
einen Kredit aufnehmen

kriminell (franz.)
* zu gesetzeswidrigen Handlungen neigend, strafbar
kriminelle Jugendliche,
eine kriminelle Handlung
* rücksichtslos, empörend
Es ist kriminell, wie er Auto fährt.

die Kripo (lat. ▷ franz.)
Kurzwort für: Kriminalpolizei; Abteilung der Polizei, die für die Verhütung, Bekämpfung und Aufklärung von Verbrechen zuständig ist

die Krise (griech. ▷ franz.)
schwierige Situation oder Zeit
sich in einer Krise befinden,
z. B. in einer Ehekrise oder in einer Wirtschaftskrise

die Kritik (griech. ▷ franz.)
Bewertung, Beurteilung
eine harte, sachliche Kritik äußern, eine Buchkritik schreiben

kritisch (lat. ▷ franz.)
* genau, streng beurteilend, prüfend, skeptisch
etwas kritisch betrachten
* brenzlig, riskant, bedrohlich
in eine sehr kritische Situation geraten

kulant (franz.)
entgegenkommend
Die Verkäuferin war sehr kulant und tauschte mir das kaputte Fahrradschloss um.

kulinarisch (lat.)
die Kochkunst betreffend, wohlschmeckend
Mein Bruder ist ein Kochfreak: jedes Essen ein kulinarischer Genuss!

die Kulisse (franz.)
* Bühnendekoration, Bühnenbild
Kulissen malen
* Hintergrund, Rahmen
Berggipfel in der Morgensonne: ein Aufstieg vor imposanter Kulisse.

kulminieren (lat. ▷ franz.)
seinen Höhepunkt erreichen

der Kult (lat.)
* feste Form, Ritual
Totenkult
* übertriebene Verehrung für eine Person oder Sache
einen Kult um einen Star machen
* etwas, das „in“ ist
Die Marke ist längst Kult geworden.

die Kultur (lat.)
* alles, was der Mensch geschaffen hat, z. B. in den Bereichen der Technik, Kunst, Wissenschaft
die Sprache und Kultur eines Landes kennenlernen
* Benehmen, Stil
Wohnkultur, Esskultur
* Anbau von jungen Pflanzen, Zucht von Bakterien
eine Bakterienkultur anlegen

die Kulisse

der Kumpan (franz.)
Kamerad, Begleiter, Gefährte

der Kupon → Coupon

der Kurier (franz.)
Person, die z. B. Nachrichten oder Briefe überbringt; Bote
Fahrradkurier

kurieren (lat. ▷ franz.)
von einer Krankheit heilen, wiederherstellen
eine Erkältung mit Bettruhe und heißem Tee kurieren

kurios (lat.)
seltsam, sonderbar, merkwürdig
eine kuriose Geschichte

der Kurs (lat.)
* Fahrtrichtung, Route
den Kurs halten
* Lehrgang
einen Malkurs besuchen
* Marktpreis von Wertpapieren
Die Kurse für Autoaktien fielen.

kursieren (lat. ▷ franz.)
die Runde machen, im Umlauf sein
Ein Gerücht oder falsche Geldscheine können kursieren.

kursiv (lat.)
schräg liegende Druckschrift
Zwischen all den aufrechten Buchstaben fällt das kursiv Gedruckte auf.

die Kusine → Cousine

L

das Label (engl.)
* Marke, z. B. in der Schallplattenindustrie oder Mode
Das neue Album des Rappers erscheint unter einem berühmten Label.
* Etikett mit Markennamen
Das Label auf meinen Schuhen ist mir wichtig.

labil (lat.)
nicht im Gleichgewicht, schwankend, anfällig, haltlos
ein labiler Kreislauf, eine labile Wetterlage, ein labiler Mensch

das Labor (lat.)
Kurzwort für: Laboratorium; Arbeitsraum oder Gebäude, in dem naturwissenschaftliche und technische Untersuchungen und Experimente durchgeführt werden

laborieren (lat.)
sich mit der Herstellung oder auch mit der Heilung von etwas abmühen
Er laboriert schon seit Wochen an den Folgen einer Verletzung herum.

das Labyrinth (griech. ▷ lat.)
Anlage, Gebäude oder Ähnliches mit vielen Gängen, in denen man sich leicht verirrt

lädiert (lat.)
beschädigt, angeschlagen
Du siehst ja total lädiert aus!

der Laie (griech. ▷ lat.)
Person, die für eine Sache nicht eigens ausgebildet ist; Nichtfachmann
Auf dem Gebiet bin ich ein totaler Laie.

die Laktose, auch: **Lactose** (lat.)
Zucker, der in Milch enthalten ist
Svenja darf keine Milchprodukte essen, weil sie eine Laktose-unverträglichkeit hat.

lamentieren (lat.)
jammern, klagen, nörgeln
Mein Vater lamentiert ständig über das Fernsehprogramm.

das Laminat (lat.)
Belag, der aus einer festen Unterlage und einer Deckschicht besteht, die z. B. wie Holz aussieht
ein Zimmer mit Laminat auslegen

laminieren (lat. ▷ franz.)
mit einer Kunststoffschicht überziehen
Wir laminieren unsere Spielkarten, damit sie nicht so schnell kaputtgehen.

das LAN (engl.)
Kurzwort für: „local area network"; Computernetzwerk innerhalb eines räumlich begrenzten Bereichs
Teilnehmer einer LAN-Party spielen gemeinsam Computerspiele.

lapidar (lat.)
kurz und knapp
„Dumm gelaufen", bemerkte mein Vater lapidar, nachdem er die Suppe versalzen hatte.

die Lappalie (dt.; lat.)
unbedeutende Sache, Kleinigkeit
Schmerzen sind keine Lappalie.

der Lapsus (lat.)
Versehen, Fehler
Max ist ein Lapsus passiert.

der/das Laptop (engl.) !
tragbarer Computer

das Larifari (ital.)
Geschwätz, Unsinn, Oberflächliches
„Das ist alles Larifari, was Sini erzählt", sagte Opa.

der Laser (engl.) !
Kurzwort für: „light amplification by stimulated emission of radiation"; extrem dicht gebündeltes Licht, das viel Energie enthält

lasern (engl.) !
mit Laserstrahlen behandeln, z. B. Narben entfernen

die Lasershow (engl.) !
Vorführung mit farbigen Laserstrahlen, die weithin sichtbar sind

Last-Minute-Angebot (engl.; dt.) !
kurzfristiges und deshalb preisgünstiges Angebot, z. B. einer Fluggesellschaft

latent (lat. ▷ franz.)
verborgen, noch nicht erkennbar
Der Vulkan stellt eine latente Gefahr für die umliegenden Dörfer dar.

die Laudatio (lat.)
Rede mit viel Lob, die zu Ehren einer Person gehalten wird, z. B. für einen Preisträger
eine Laudatio halten

lethargisch

die Lava (ital.)
flüssige, glühende Masse, die bei einem Vulkanausbruch aus der Erde strömt

lavieren (niederl.)
mit Geschick Schwierigkeiten überwinden, sich hindurchwinden
Paul löst seine Probleme nicht, stattdessen laviert er sich so durch.

lax (lat.)
nachlässig, lasch, nicht streng auf etwas achten
Vorschriften lax handhaben

das Layout,
auch: **Lay-out** (engl.)
Bild- und Textgestaltung, z. B. eines ganzen Buches, eines Internetauftrittes
Für unsere Schülerzeitung gestalteten wir ein ansprechendes Layout.

der Leader (engl.)
Anführer, Leiter
Der Band fehlt ein Leader, der die Leute mitreißen kann, unserer Fußballmannschaft auch.

leasen (engl.)
mieten, indem die Miete bei einem späteren Kauf angerechnet wird
ein Auto leasen

legal (lat.)
gesetzlich erlaubt, gesetzmäßig
Musik legal aus dem Web herunterladen

die Legasthenie (lat.; griech.)
Lese-, Rechtschreibschwierigkeit

die Legende (lat.)
* Geschichte oder Erzählung, z. B. von einem Heiligen
die Legende vom heiligen Martin
* Zeichenerklärung, z. B. in einer Landkarte
Um eine Landkarte zu verstehen, muss man ihre Legende kennen.

leger (lat. ▷ franz.)
lässig, zwanglos, bequem
legere Kleidung, legeres Auftreten

die Legion (lat.)
* altrömische Heereseinheit
eine römische Legion
* große Anzahl
Legionen von Ameisen unter unserer Mülltonne

die Legislaturperiode
(lat.; griech. ▷ lat.)
Zeitspanne, für die ein Parlament oder eine Person gewählt wird; Amtsdauer
In Deutschland dauert eine Legislaturperiode des Bundestags in der Regel vier Jahre.

legitim (lat.)
berechtigt, vertretbar, durch Gesetze anerkannt
Es ist legitim, dass die Schule bei längerer Krankheit ein ärztliches Attest verlangt.

a b c d e f g h i j k l m n o p q r s t u v w x y z

die Lektion (lat.)
* Lerneinheit, Kapitel, z. B. in einem Englisch-Übungsbuch
Lektion für Lektion durcharbeiten
* Ermahnung, Zurechtweisung
jemandem eine Lektion erteilen

die Lektorin (lat.)
Mitarbeiterin eines Verlages, die Manuskripte prüft und bearbeitet
Eine Lektorin muss oft sehr lange an einem Text arbeiten, bis er veröffentlicht werden kann.

die Lektüre (lat. ▷ franz.)
Lesestoff, z. B. Bücher und Zeitschriften

lesbisch (griech.)
homosexuell, Liebesbeziehung zwischen zwei Frauen
ein lesbisches Paar

lethargisch (griech. ▷ lat.)
träge, gleichgültig, teilnahmslos
„Raff dich auf und häng nicht so lethargisch herum!“, meckert sie.

die Letter (lat. ▷ franz.)
Druckbuchstabe
leuchtende Lettern auf schwarzem Grund

die Leukämie (griech.)
Blutkrebs, Blutkrankheit

der/das Level (lat. ▷ engl.)
* Leistungsstufe, Rangstufe
Kim erreichte in Mathe einen Level, von dem man nur träumen kann.
* Spielabschnitt, z. B. beim Computerspiel
Von Level zu Level muss ich mehr Hindernisse überwinden.

das Lexikon (griech.)
nach Stichwörtern geordnetes Nachschlagewerk für viele Wissensgebiete oder für ein spezielles, z. B. über Tiere

liberal (lat. ▷ franz.)
andere Menschen wenig einschränkend, ihre Selbstverantwortung unterstützend, freiheitlich
Meine Eltern sind tolerant. Sie haben eine liberale Einstellung.

der Libero (lat. ▷ ital.)
Abwehrspieler ohne direkten Gegenspieler beim Fußball

der Lift (engl.)
Aufzug, Fahrstuhl
Im Lift stecken zu bleiben ist unangenehm, im Sessellift ist das noch unangenehmer.

die Liga (lat. ▷ span.)
Wettkampfklasse beim Sport
in die erste Liga aufsteigen

liieren (lat. ▷ franz.)
eine Liebesbeziehung beginnen, sich eng verbinden
Keiner darf's wissen: Amy und Tim sind liiert.

das Limit (lat. ▷ franz. ▷ engl.)
Grenze, Begrenzung
das Tempolimit überschreiten

die Limousine (franz.) !
Auto mit festem Verdeck, im Unterschied z. B. zum Cabrio
in einer extrem langen Hochzeitslimousine vorfahren

die Lineatur (lat.)
Art, wie Striche zum Schreiben angeordnet sind
Die Lineatur in den Schulheften für Erstklässler ist anders als die für Drittklässler.

linieren (lat. ▷ franz.)
gerade Striche ziehen, mit geraden Strichen versehen
Vor dem Schreiben liniere ich den Briefbogen.

der Link (engl.)
eine Verknüpfung zwischen zwei oder mehreren Webdokumenten
Ich klicke auf den Link und schon bin ich im Online-Lexikon.

das Lipgloss (engl.)
Kosmetikmittel, mit dem man Glanz auf die Lippen bringt
Lipgloss auftragen

der/das Liter (griech. ▷ franz.)
Zeichen: l; Maßeinheit für Flüssigkeiten

die Literatur (lat.)
von Dichtern und Schriftstellern geschriebene Werke
deutsche Literatur, Kinderliteratur

live (engl.) !
direkt, ohne Zeitverzögerung
ein Fußballspiel live übertragen

die Lizenz (lat.)
Erlaubnis, Genehmigung, etwas zu tun, was ohne diese nicht erlaubt wäre
Kays Mutter will ein Taxi fahren. Sie braucht dafür eine Lizenz.

die Loge (franz.) !
kleiner abgeteilter Raum mit mehreren Sitzplätzen, z. B im Theater
einen Logenplatz haben, die Pförtnerloge

logieren (franz.) !
vorübergehend wohnen
bei Freunden logieren

logisch (griech. ▷ lat.)
folgerichtig, exakt gedacht, schlüssig
Das ist doch völlig logisch!

die Logistik
(griech. ▷ lat. ▷ franz. ▷ engl.)
effektive Organisation von Abläufen
Bei großen Events braucht man eine ausgeklügelte Logistik.

das/der Logo (griech.; engl.)
Kurzwort für: Logotype; Marken-, Firmenzeichen, Emblem
ein Logo entwerfen

der Logopäde (griech.)
jemand, der Sprach- und Sprechstörungen behandelt

die Loipe (skand.)
Skilanglaufbahn, Langlaufspur

lokal (lat. ▷ franz.)
nur für einen bestimmten Ort oder Bereich geltend
lokale Betäubung, lokale Nachrichten

das Lokal (franz.)
Restaurant, Gaststätte

longieren (franz.) !
ein Pferd an einer sehr langen Leine laufen lassen

der Look (engl.)
bestimmter Stil, bestimmtes Aussehen
sich einen neuen Look zulegen

das Looping (engl.)
Überschlag, z. B. beim Kunstflug

der Loser (engl.)
Verlierer, Versager

die Lotion (lat. ▷ franz. ▷ engl.)
flüssiges Kosmetikmittel zur Reinigung und Pflege der Haut

die Lovestory (engl.)
Liebesgeschichte

loyal (lat. ▷ franz.)
verlässlich, treu, die Interessen anderer achtend
sich in einem Wettkampf loyal verhalten

lukrativ (lat.)
gewinnbringend, lohnend
ein lukratives Geschäft

luxuriös (lat.)
üppig, verschwenderisch, kostbar

der Luxus (lat.)
nicht notwendiger, nur zum Vergnügen betriebener Aufwand

lynchen (engl.)
jemanden für eine als Unrecht empfundene Tat ohne Urteil eines Gerichts misshandeln und töten

die Lyrik (griech. ▷ lat. ▷ franz.)
Dichtkunst, Poesie

lyrisch (griech.)
stimmungsvoll, gefühlsbetont
lyrische Lieder

M

der Macho (span.)
Mann, der sich übertrieben männlich gibt
sich wie ein Macho benehmen

die Mafia (ital.)
erpresserische Geheimorganisation

das Magazin (arab. ▷ ital.)
* Vorrats- und Lagerraum, Depot
im Magazin eines Museums Bilder lagern
* bebilderte Zeitschrift
in einem Modemagazin blättern
* Radio- oder Fernsehsendung
das Morgenmagazin im Fernsehen anschauen
* Patronenkammer in Schusswaffen
das ganze Magazin leer schießen

der Magier (griech. ▷ lat.)
Zauberer, Zauberkünstler

magisch (griech. ▷ lat.)
geheimnisvoll, übernatürlich
Der Held in meiner Geschichte hatte magische Kräfte.

der Magnet (griech. ▷ lat.)
* Eisen- oder Stahlstück, das andere eisenhaltige Stoffe anzieht und an dem sie haften bleiben
Nägel mit einem Magneten aufheben
* anziehende Person, reizvoller Gegenstand oder Ort, Attraktion
Die mittelalterliche Burg ist ein Magnet für Touristen.

die/das Mail (engl.)
Kurzwort für: E-Mail; elektronische Nachricht per Computer
Mails schreiben und empfangen

die Mailbox (engl.)
Speicher für elektronische Nachrichten, z. B. beim Handy

das Mailing (engl.)
Versenden von Informations- oder Werbematerial, Briefaktion
Per Mailing informieren wir alle Schulen über unser Theaterstück.

majestätisch (lat.)
ehrwürdig, fürstlich, feierlich
majestätisch schreiten

makaber (franz.)
unheimlich, beklemmend, gruselig
ein makabrer Scherz

das Make-up (engl.)
kosmetisches Mittel, das man auf das Gesicht aufträgt, damit man frischer aussieht, oder mit dem man z. B. einen Pickel abdeckt

das Mandala

der Makler (niederl.)
jemand, der beruflich den Verkauf oder die Vermietung von z. B. Wohnungen, Häusern vermittelt
bei der Wohnungssuche einen Makler einschalten

das Malheur (lat. ▷ franz.)
kleines Unglück, peinliches Missgeschick
Mir ist ein Malheur passiert: Ich habe die Milch überlaufen lassen.

malochen (hebr. ▷ jidd.)
schwer arbeiten, schuften

malträtieren (lat. ▷ franz.)
misshandeln, quälen
jemanden mit Fäusten malträtieren

managen (engl.)
etwas geschickt bewältigen, betreuen
Kein Problem! Ich manage das.

die Managerin (engl.)
* leitende Person, Führungskraft
eine hoch bezahlte Managerin
* Betreuerin, Agentin, z. B. eines Künstlers oder Sportlers
die Managerin wechseln

das Mandala (sanskr.)
oft kreisförmiges Bild, das in der indischen Religion vorkommt, zur Meditation eingesetzt wird und die Konzentration fördern soll
ein Mandala still betrachten oder ausmalen

der Mandant (lat.)
Kunde, Auftraggeber, z. B. eines Rechtsanwalts

die Manieren (lat. ▷ franz.)
Benehmen, Umgangsformen
keine Manieren haben

die Maniküre (lat. ▷ franz.)
Hand- und vor allem Nagelpflege
zur Maniküre gehen

manipulieren (lat. ▷ franz.)
* Menschen bewusst in eine Richtung drängen, beeinflussen
Meinungen können durch die Presse manipuliert werden.
* Informationen verfälschen oder verdrehen
Fotos kann man manipulieren, aber auch Geldautomaten.

das Manöver (lat. ▷ franz.)
* größere Truppen- oder Flottenübung des Militärs
In der Lüneburger Heide fand das große Herbstmanöver statt.
* Bewegung, die z. B. mit einem Auto oder Schiff ausgeführt wird
Nur durch ein gewagtes Manöver verhinderte er den Crash.

die Manschette (lat. ▷ franz.)
* Ärmelabschluss an Hemd oder Bluse
* Dichtungsring aus Gummi, Leder oder Kunststoff, z. B. an einer Wasserleitung

manuell (lat. ▷ franz.)
mit der Hand, von Hand
manuell herstellen

das Manuskript (lat.)
stichwortartige oder vollständige Ausarbeitung eines Textes
ein Manuskript überarbeiten

der Marathon (griech.)
Kurzwort für: Marathonlauf; Langstreckenlauf über 42,2 km
Unsere Sportlehrerin trainiert mehrere Male in der Woche, um sich auf den Marathon vorzubereiten.

markant (franz.)
stark ausgeprägt
ein markantes Kinn

der Marker (engl.)
Stift, mit dem man etwas Wichtiges gut sichtbar kennzeichnen kann

das Marketing (lat. ▷ engl.)
alles, was z. B. eine Firma tut, um ihre Produkte möglichst gut zu verkaufen
Das Marketing der Firma hatte Erfolg.

markieren (germ. ▷ ital. ▷ franz.)
* kennzeichnen, hervorheben
alle wichtigen Sätze markieren
* so tun, als ob
einen Schwächeanfall markieren

die Marotte (franz.)
merkwürdige Angewohnheit, schrullige Eigenschaft, Fimmel
Er hat die Marotte, beim Telefonieren zu kritzeln.

der Märtyrer (griech. ▷ lat.)
jemand, der sich wegen seiner Überzeugungen opfert und Verfolgungen und sogar den Tod auf sich nimmt
In der Kirchengeschichte gibt es viele Märtyrer.

die/der Mascara (ital. ▷ span. ▷ engl.)
Wimperntusche

die Maschine (griech. ▷ lat. ▷ franz.)
* Gerät, das Arbeitsgänge selbstständig ausführt
Maschinen ersetzen menschliche Arbeitskraft.
* Bezeichnung für z. B. Motorrad, Flugzeug, Rennwagen
eine Maschine sicher landen

maschinell (griech. ▷ lat. ▷ franz.)
mithilfe einer Maschine betrieben oder hergestellt
Briefe maschinell frankieren

die Maske (arab. ▷ ital. ▷ franz.)
* etwas, das man vor dem Gesicht trägt, um nicht erkannt zu werden, z. B. als Bankräuber, oder um sich zu verkleiden
Teufelsmaske
* etwas, das man zu einem bestimmten Zweck vor dem Gesicht trägt
Atemmaske, Schutzmaske

maskiert (franz.)
verkleidet, kostümiert, eine Maske tragend
Auch die Lehrer kamen maskiert zu unserer Faschingsfeier.

das Maskottchen (provenz. ▷ franz.)
Talisman, Anhänger, der Glück bringen soll

maskulin (lat.)
männlich, charakteristisch für einen Mann
eine maskuline Stimme

das Massaker (franz.)
Blutbad, Massenmord
Bei dem Massaker kamen viele unschuldige Menschen um.

massieren (arab. ▷ franz.)
jemandem den Körper oder einen Teil davon mit den Händen streichen, kneten, klopfen, um die Muskulatur zu lockern
den Rücken massieren

massiv (franz.)
* fest, nicht hohl
massives Holz
* stark, heftig
massive Beschwerden

masturbieren (lat. ▷ franz.)
sich selbst befriedigen, onanieren

das/der Match (engl.) !
sportlicher Wettkampf in Form eines Spiels
ein Match haushoch gewinnen

das Material (lat.)
* Werkstoff, Rohstoff
Aus welchem Material sind die Schwimmanzüge?
* Arbeitsmittel, Hilfsmittel
Material für die Gruppenarbeit besorgen

der Materialist (lat. ▷ franz.)
jemand, der nur am eigenen Nutzen und Vorteil interessiert ist

die Mathematik (griech. ▷ lat.)
Wissenschaft von den Raum- und Zahlengrößen, Schulfach
Knobeln macht mir im Mathematikunterricht am meisten Spaß.

die Matinee (lat. ▷ franz.)
am Vormittag stattfindende Veranstaltung, z. B. mit Musikern
Unsere Klasse wurde vom städtischen Orchester zu einer Matinee eingeladen.

maximal (lat.)
höchstens, bestmöglich
maximal fünf Minuten Zeit haben

das Maximum (lat.)
Höchstmaß, das Höchste
das Maximum an Sicherheit garantieren

Mayday (!)
Kurzwort aus: „Venez m'aider!" – „Helfen Sie mir!"; internationaler Notruf im Funksprechverkehr

die Mechanikerin (lat.)
Handwerkerin, die Maschinen oder technische Geräte prüft, zusammenbaut oder repariert
Eine Kfz-Mechanikerin muss sich auch mit Elektronik auskennen.

die Medaille (franz.) (!)
Plakette als Auszeichnung oder zum Andenken an eine Person oder ein Geschehen
eine Medaille entgegennehmen

der Mediator (lat.)
Schlichter, Vermittler, der bei einem Konflikt hilft, zu einer gemeinsamen Lösung zu kommen
Ein Mediator muss bei der Streitschlichtung unparteiisch sein.

das Medikament (lat.)
Arzneimittel
Medikamente einnehmen

die Meditation (lat.)
Methode, durch Konzentration und nachdenkliches Betrachten zur Stille und Ruhe zu finden
Meditationsübungen

das Medium (lat.)
etwas, das eine Verbindung zwischen mehreren Personen herstellt, wie z. B. Zeitung, Rundfunk, Fernsehen, Internet
Massenmedien, Medienrummel

die Medizin (lat.)
* Wissenschaft von Krankheiten und ihrer Heilung
Medizin studieren
* Arznei, Medikament
eine Medizin einnehmen

das Medley (engl.) (!)
Zusammenstellung, Mix von Musikstücken

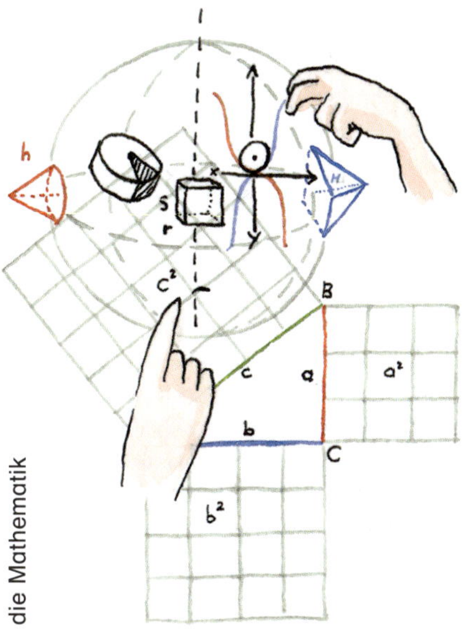

die Mathematik

A B C D E F G H I J K L M N O P Q R S T U V W X Y Z

der Meetingpoint (engl.)
Treffpunkt, z. B. im Flughafen oder Bahnhof
sich am Meetingpoint verabreden

mega…, Mega… (griech.)
groß, Steigerung von super
Megafon, mega-out sein, Megastress

Megabyte (griech.; engl.)
Zeichen: MB, MByte; Maßeinheit für Datenmenge beim Computer, 1 MB = 1024 KB (Kilobyte)

das Megafon,
auch: **Megaphon** (griech.)
tragbares Sprachrohr mit elektrischem Verstärker
Die Demonstranten benutzten für ihre Parolen ein Megafon.

mega-out sein
(griech.; engl.; dt.)
absolut unmodern, unmöglich sein

der Megastress
(griech.; lat. ▷ franz. ▷ engl.)
übergroße Belastung
Die Fahrt zum Tierarzt ist für meinen Kater ein Megastress.

melancholisch (griech. ▷ lat.)
schwermütig, trübsinnig, traurig
eine melancholische Stimmung

meliert (franz.)
aus verschiedenen Farben gemischt
Unser Dackel hat ein braun meliertes Fell.

melodisch (griech. ▷ lat.)
klangvoll, etwas, das angenehm klingt; harmonische Tonfolge
eine melodische Stimme

die Mensa (lat.)
Einrichtung, in der z. B. Schüler oder Studierende verbilligt essen können; Schulkantine

die Menstruation (lat.)
Monatsblutung, Regel
Mädchen bekommen ihre erste Menstruation zu Beginn ihrer Pubertät.

die Mentorin (griech.)
Person, die eine andere unterstützt, berät und begleitet
Sue hat sich als Mentorin für die Schulanfänger gemeldet.

das Menü (lat. ▷ franz.)
* Mahlzeit aus mehreren Gängen
ein fünfgängiges Menü
* Programmauswahl auf einem Bildschirm oder Display
ein übersichtliches Menü

die Message (engl.)
Mitteilung, Nachricht, Botschaft
eine Message bekommen, eine Message weitergeben

melancholisch

die Messe (lat.)
* katholischer Gottesdienst
eine Messe zelebrieren
* große, oft internationale Ausstellung von Waren
die Frankfurter Buchmesse

die Metamorphose (griech. ▷ lat.)
Verwandlung, Umformung
Der Schmetterling vollzieht eine Metamorphose vom Ei über die Raupe zum Schmetterling.

die Metastase (griech.)
Tochtergeschwulst bei Krebs
Der Krebs hatte bereits Metastasen gebildet.

der Meteorit (griech.)
kosmischer Körper, der in die Erdatmosphäre eindringt
Meteoriteneinschlag

der Meteorologe (griech.)
Wissenschaftler, der sich mit der Erforschung des Klimas und Wetters beschäftigt
Der Meteorologe beantwortet Fragen zum Klimawandel.

die Methode (griech. ▷ lat.)
Vorgehensweise, Arbeitsweise
Es gibt verschiedene Methoden, etwas auswendig zu lernen.

die Metropole (griech. ▷ lat.)
große bedeutende Stadt, Hauptstadt
Köln ist eine rheinische Metropole.

die Migräne (griech. ▷ lat. ▷ franz.)
heftiger Kopfschmerz, oft mit Erbrechen oder Sehstörungen verbunden

der Migrant (lat.)
Person, die ihren Wohnsitz aufgibt und in einem anderen Land leben und arbeiten will

der Migrationshintergrund (lat.; dt.)
Begriff zur Beschreibung der Bevölkerungsgruppe, die aus eingewanderten Personen und ihren Nachkommen besteht
Nicht alle Menschen mit Migrationshintergrund sind Ausländer.
Viele besitzen die deutsche Staatsbürgerschaft.

mikro..., Mikro... (griech.)
klein, kurz, gering
Mikrochip, Mikrofon, Mikroskop

der Mikrochip (griech.; engl.) !
winziges Plättchen, auf dem Informationen gespeichert sind oder verarbeitet werden, z. B. in Handys, Computern

das Mikrofon, auch: Mikrophon (griech.; engl.)
Kurzwort: Mikro; Gerät, mit dem Töne aufgenommen oder auf Lautsprecher übertragen werden können
ins Mikrofon sprechen

das Mikroskop (griech.)
Gerät, mit dem sehr kleine Dinge stark vergrößert dargestellt werden können
Im Labor konnten wir unter dem Mikroskop verschiedene Insekten betrachten.

a b c d e f g h i j k l m n o p q r s t u v w x y z

die Mikrowelle (griech.; dt.)
Kurzwort für: Mikrowellenherd; Gerät, das in kurzer Zeit mithilfe elektromagnetischer Wellen Essen gart, aufwärmt und auftaut
Milch in die Mikrowelle stellen

das Milieu (franz.) !
Umgebung, in der ein Mensch lebt und die ihn prägt
in einem kreativen Milieu verkehren

militant (lat.)
mit Mitteln der Gewalt für eine Überzeugung eintretend
Bei Demonstrationen gibt es immer wieder militante Gruppen.

das Militär (lat. ▷ franz.)
Armee, Streitkräfte
Die Empörung gegen den Einsatz des Militärs war groß.

der Millimeter
(lat.; griech. ▷ lat. ▷ franz.)
Zeichen: mm; Längenmaß,
1 m = 1000 mm

der Millionär (franz.)
Person, die ein Vermögen von einer Million oder mehr besitzt

die Mimik (lat.)
Gesichtsausdruck, Miene
Ich kann an der Mimik meines Vaters erkennen, ob er sauer ist.

die Mine (lat. ▷ franz.)
* innerer Teil eines Stifts
Bleistiftmine
* Sprengkörper
die Explosion einer Mine
* Bergwerk
die Silberminen von Poriso

das Mineral (lat. ▷ franz.)
Bestandteil in den Gesteinen der Erde, wie z. B. Gold, Silber, aber auch Salze und Kristalle
Im Mineralienshop des Bergwerks kaufte ich mir einen kleinen Stein.

minimal (lat.)
besonders wenig, gering, unbedeutend
Zwischen den beiden Handymodellen, die mich interessieren, gibt es nur minimale Unterschiede.

das Minimum (lat.)
geringstes Maß, Tiefststand
Die Chancen, Überlebende zu finden, sind auf ein Minimum gesunken.

die Ministerin (lat. ▷ franz.)
Mitglied der Regierung, das für einen bestimmten Aufgabenbereich zuständig ist
Familienministerin

das Minus (lat.)
Fehlbetrag, Verlust
In der Klassenkasse ist ein Minus von 2 Euro.

die Minute (lat.)
Zeichen: min; Zeiteinheit,
60 Minuten = 1 Stunde

minutiös, auch: **minuziös**
(lat. ▷ franz.)
peinlich genau, äußerst gründlich
eine Fahrradtour minutiös planen

miserabel (lat. ▷ franz.)
erbärmlich, sehr schlecht
sich miserabel fühlen,
ein miserables Ergebnis

das Mobile

die Misere (lat. ▷ franz.)
das Elend, die Not, ein beklagenswerter Zustand
Gibt es einen Ausweg aus der Misere?

die Mission (lat.)
* Auftrag
in geheimer Mission unterwegs sein
* Personengruppe, die mit einem Auftrag entsandt wird; Abordnung
eine Mission zum Klimagipfel entsenden

mixen (engl.)
mischen und zerkleinern, z. B. Getränke und Speisen

mobben (engl.)
schikanieren, quälen, ärgern
von Mitschülern gemobbt werden

mobil (lat. ▷ franz.)
beweglich, nicht an einen Ort gebunden
Um auf der Insel mobil zu sein, mieteten wir Fahrräder.

das Mobile (lat. ▷ ital. ▷ engl.)
Gebilde, z. B. aus hängenden Figuren, Plättchen, Stäben, das sich durch Luftzug oder Anstoßen bewegt

die Mode (lat. ▷ franz.)
* Geschmack einer bestimmten Zeit, besonders in der Kleidung
Die neue Herbstmode ist sehr elegant.
* etwas, das gerade sehr beliebt ist
Kletterparks sind zurzeit in Mode.

das Model (engl.) !
Person, die Kleider vorführt
Topmodel, Supermodel

das Modell (lat. ▷ ital.)
* Nachbildung, Muster
In Kunst habe ich das Modell meiner Traumschule zuerst gezeichnet und dann nachgebaut.
* Typ eines Produkts, einer Marke
Cems Fahrrad ist ein ganz neues Modell.
* Mensch oder Gegenstand als Vorbild für das Werk eines Künstlers
Die junge Frau stand dem Maler für sein Bild als Blumenverkäuferin Modell.

modellieren (lat. ▷ ital. ▷ franz.)
formen, z. B. eine Plastik oder Skulptur
aus Ton einen Kopf modellieren

der/das Modem (engl.)
Kurzwort für: „modulator“ und „demodulator“; Gerät zur Datenübertragung
Ich komme nur per Modem ins Internet.

a b c d e f g h i j k l m n o p q r s t u v w x y z

die Motivation

der Moderator (lat.)
Person, die durch eine Sendung oder Veranstaltung führt
Der sympathische Moderator begrüßt die Fernsehzuschauer in seiner Talkshow.

modern (lat. ▷ franz.)
zeitgemäß, aktuell, neuartig

modernisieren (lat. ▷ franz.)
erneuern, auf den neuesten Stand bringen
das Badezimmer modernisieren

das Modul (lat. ▷ engl.)
austauschbarer Teil eines Gerätes, einer Maschine
An die Raumstation wurde ein neues Wohnmodul angeschlossen.

das Mofa (lat.; dt.)
Kurzwort für: Motorfahrrad; Kleinkraftrad mit einer Höchstgeschwindigkeit von 25 km pro Stunde

sich mokieren (franz.)
sich abfällig oder spöttisch äußern
Sie mokierte sich über Leos Frisur.

der Moment (lat. ▷ franz.)
sehr kurzer Zeitraum, Zeitpunkt, Augenblick
Im entscheidenden Moment verlor der Torwart die Nerven.

momentan (lat.)
zurzeit, vorübergehend
Die Straße ist momentan gesperrt.

die Monarchie (griech. ▷ lat.)
Staatsform mit einem durch die Herkunft bestimmten Herrscher an der Spitze

der Monitor (lat. ▷ engl.)
Bildschirm, z. B. eines Computers, oder Kontrollgerät, z. B. bei Operationen
das Geschehen auf einem Monitor verfolgen

der Monolog (griech. ▷ franz.)
laut geführtes Selbstgespräch auf einer Bühne, aber auch in Gesprächen
Monologe hören sich auf der Bühne gut an, in einem Gespräch will jeder einmal zu Wort kommen.

das Monopol (griech. ▷ lat.)
Vorrecht auf alleinige Herstellung oder alleinigen Verkauf eines Produkts
Die „Deutsche Bahn“ hat im Fernverkehr praktisch ein Monopol.

monoton (griech. ▷ lat. ▷ franz.)
eintönig, ermüdend
eine monotone Stimme

der Monsun (arab. ▷ port. ▷ engl.)
Wind in Asien, Regenzeit in Süd- und Ostasien

die Montage (lat. ▷ franz.) !
Aufbau, Zusammenbau von Maschinen und technischen Geräten, aber auch von Filmen, Texten oder Kunstwerken

montieren (lat. ▷ franz.)
etwas anbringen, befestigen, zusammenbauen
ein neues Hinterrad montieren

das Monument (lat.)
großes Denkmal, Zeichen der Vergangenheit
Der Aquädukt ist ein beeindruckendes Monument aus der Zeit der Römer.

das Moped (lat.)
Kurzwort aus: Motor und Pedal; Kleinkraftrad mit einer Höchstgeschwindigkeit von 50 km pro Stunde

moralisch (lat. ▷ franz.)
sich an allgemein geltende Werte und Regeln haltend
Gerüchte zu verbreiten ist moralisch nicht in Ordnung.

die Moschee
(arab. ▷ span. ▷ ital. ▷ franz.)
islamisches Gotteshaus

das Motel
Kurzwort aus: „motor" und „hotel"; Hotel, das häufig an Autobahnen oder Fernstraßen liegt
Ein Motel wird gern von Fernfahrern genutzt.

das Motiv (lat. ▷ franz.)
* Grund für eine Handlungsweise
Tatmotiv
* Gegenstand, Thema, das z. B. für ein Bild, ein Musikstück verwendet wird
ein Motiv auswählen

die Motivation (lat.)
Antrieb, Beweggründe
Nach dem Sieg war unsere Motivation beim Training sehr groß.

motivieren (lat. ▷ franz.)
anregen, anspornen
Schülerinnen und Schüler motivieren, etwas zu tun

der Motor (lat.)
Maschine, die Kraft erzeugt und etwas in Bewegung versetzt

das Motto (lat. ▷ ital.)
Wahlspruch, Leitgedanke
Unser Schulfest findet statt unter dem Motto: Rettet den Regenwald

das Mountainbike (engl.) !
Fahrrad für Gelände- und Gebirgsfahrten

die Mouse (engl.) !
Zeige- und Eingabegerät für Computer

multikulturell (lat.)
Kurzwort: multikulti; viele Kulturen umfassend
eine multikulturelle Gesellschaft

das Multimedia (lat. ▷ engl.)
Verknüpfung verschiedener Medien, wie Musik, Bilder, Texte
Multimediashow

a b c d e f g h i j k l m n o p q r s t u v w x y z

multiplizieren (lat. ▷ franz.)
malnehmen

die Mumie (pers. ▷ arab. ▷ ital.)
toter Körper, der vor Verwesung geschützt worden ist
eine ägyptische Mumie

die Munition (lat. ▷ franz.)
Material zum Schießen
mit Munition versorgen

das Museum (griech. ▷ lat.)
Ausstellungsgebäude, z. B. für Kunstgegenstände, technische Sammlungen
Technikmuseum, Naturkundemuseum

das Musical (amerik.) !
Musiktheater, bei dem gesungen und auch getanzt wird

die Musik (griech. ▷ lat. ▷ franz.)
* Kunst, die Töne, Rhythmus, Melodie und Harmonie zu einer Komposition ordnet
klassische und elektronische Musik
* Werk, Kunstwerk
Musik hören
* Schulfach
Musikunterricht

mysteriös (griech. ▷ lat. ▷ franz.)
geheimnisvoll, rätselhaft
Der Detektiv kam einem ziemlich mysteriösen Fall auf die Spur.

der Mythos (griech. ▷ lat.)
Erzählung und Überlieferung aus der Vorzeit eines Volkes, z. B. von Göttern und Dämonen
Die Geschichte von Odysseus ist ein griechischer Mythos.

N

naiv (lat. ▷ franz.)
gutgläubig, blauäugig, kindlich unbefangen
Lissi ist gar nicht so naiv, wie sie tut. Sie ist ganz schön gerissen.

die Narkose (griech.)
Betäubung des Organismus, bei der Schmerz und Bewusstsein ausgeschaltet werden
Unter Narkose hatte Tarek nichts von der Operation mitgekriegt.

die Nation (lat. ▷ franz.)
Gemeinschaft von Menschen mit gleicher Geschichte, Sprache und Kultur, die einen Staat bilden
die deutsche Nation, die französische Nation

die Nationalhymne (franz.; griech. ▷ lat.)
Lied, mit dem die Zugehörigkeit zu einer Nation ausgedrückt wird, z. B. bei einem Staatsbesuch oder einer Weltmeisterschaft

die Nationalität (franz.)
Zugehörigkeit zu einem bestimmten Staat
In unserer Schule sind Kinder verschiedener Nationalitäten.

der Nativespeaker (engl.) !
jemand, der eine Sprache als Muttersprache spricht
In unserer Schule wird Englisch von einem Nativespeaker unterrichtet.

das Navi (lat.)
Kurzwort für: Navigationssystem; technisches Gerät, das erkennt, wo sich z. B. Fahrzeuge, aber auch Fußgänger befinden, und hilft, ein gewünschtes Ziel zu erreichen

die Navigation (lat.)
Bestimmung eines Standortes und Maßnahmen zur Einhaltung des Kurses zu Wasser, zu Lande und in der Luft
Die alten Seefahrer mussten sich bei der Navigation auf ihr Wissen über Sterne, Wind und Wellen verlassen.

der Nationalsozialist (lat. ▷ franz.)
Kurzwort: Nazi; Mitglied einer extrem nationalistischen, rassistischen Partei, die nach dem 1. Weltkrieg in Deutschland aufkam und unter Adolf Hitler eine Diktatur errichtete
Neonazis leugnen die Verbrechen, die während der Nazizeit in Deutschland begangen wurden, obwohl dies strafbar ist.

negativ (lat.)
schlecht, unerwünscht, ablehnend
negative Folgen, negativer Einfluss, eine negative Antwort

negieren (lat. ▷ franz.)
ablehnen, abstreiten, nicht anerkennen, so tun, als ob es etwas nicht gäbe
Die Wanderer negierten den Wetterbericht und brachen zu ihrer Klettertour auf.

der Nektar (griech. ▷ lat.)
* wässrige Zuckerlösung, die von Pflanzen ausgeschieden wird, um Insekten anzulocken
eine Nektar saugende Biene
* Fruchtsaft
Mandarinennektar

das Neon (griech. ▷ engl.)
Gas, Füllgas einer Leuchtröhre
Neonlicht

der Nerv (lat. ▷ engl.)
Faserstrang im Körper, der Reize zwischen Gehirn, Rückenmark und Körperteilen weiterleitet
bei einem Sportunfall einen Nerv einklemmen

nerven (lat.)
lästig werden, bedrängen, stören
Deine Quengelei nervt!

nervös (lat. ▷ franz.)
leicht reizbar, aufgeregt, zappelig
Der Lärm macht mich nervös.

die Netiquette
Kurzwort aus: „net“ und „etiquette“; Benimmregeln für eine angenehme Art des Austausches im Internet
Die Teilnehmer der Mailingliste halten sich zum Glück konsequent an die Netiquette.

netto (lat. ▷ ital.)
Gewicht ohne Verpackung oder Geldbetrag, von dem bereits Abgaben abgezogen worden sind, wie z. B. Steuern
Die Ware wiegt netto 4 Kilo.
Er verdient 1500 Euro netto.

neuralgisch (griech.)
sehr problematisch, kritisch
Diese Kreuzung ist ein neuralgischer Punkt. Es kommt dort häufig zu Unfällen.

die Neurodermitis (griech.)
chronische Hauterkrankung
unter Neurodermitis leiden

neutral (lat.)
* unabhängig, unparteiisch
ein neutraler Schiedsrichter
* unauffällig
ein Kleid in neutralen Farben

die News (engl.)
Nachrichten, Neuigkeiten
Meine Mutter fragt täglich auf ihrem Computer die Schlagzeilen der News ab.

der Newsletter (engl.)
regelmäßig verschickter elektronischer Rundbrief
Die Stadtbücherei informiert im Newsletter über Veranstaltungen.

das Nikotin, auch: **Nicotin** (franz.)
giftiger Bestandteil des Tabaks

das Niveau (franz.)
* Stufe, Anforderung
Das Niveau beim Malwettbewerb war ziemlich hoch.
* waagerechte Fläche in bestimmter Höhe
Kanal und Straße haben das gleiche Niveau.

nivellieren (franz.)
ausgleichen, mildern
Das Gefälle zwischen Straße und Hauseingang wurde nivelliert.

nobel (lat. ▷ franz.)
großmütig, vornehm
eine noble Geste, ein nobles Restaurant

das Nomen (lat.)
Substantiv, Namenwort

der Nominativ (lat.)
Werfall, 1. Fall

nominieren (lat. ▷ franz.)
zur Wahl vorschlagen, als Teilnehmer bestimmen
jemanden für das Amt der Bürgermeisterin nominieren, jemanden für eine Meisterschaft nominieren

der Nonsens (engl.)
Unsinn, Quatsch
Völliger Nonsens!

nonstop (engl.)
ohne Unterbrechung, ohne Pause
Wir fuhren nonstop nach Italien.

nonverbal (lat.)
nicht mithilfe von Sprache, ohne Sprache
sich nonverbal verständigen

das Nordic Walking (engl.)
schnelles, sportliches Gehen mit zwei Stöcken

normal (griech. ▷ lat.)
vorschriftsmäßig, üblich, alltäglich
ein normales Gewicht haben

sich normalisieren (franz.)
wieder normal werden
Die Beziehung zwischen den zerstrittenen Nachbarn normalisierte sich.

nostalgisch (griech. ▷ lat.)
wehmütig, auf die Vergangenheit bezogen, z. B. in der Mode, in der Musik
Nach einem Glas Wein wird meine Oma immer ein wenig nostalgisch.

das Notebook (engl.) !
tragbarer Computer
in der Bahn am Notebook arbeiten

notieren (lat. ▷ franz.)
aufschreiben
einen Termin notieren

das Novum (lat.)
Neuheit, etwas nie Dagewesenes
Das Lehrertheater ist ein Novum an unserer Schule.

die Nuance (franz.) !
feiner Unterschied, feine Abstufung, z. B. einer Farbe
ein Rot in vielen verschiedenen Nuancen malen

nuklear (lat. ▷ engl.)
den Atomkern betreffend, die Atomwaffen betreffend
nukleare Energie, nukleare Abrüstung

der Nulltarif
(ital.; arab. ▷ ital. ▷ franz.)
kostenlose Benutzung, Gebührenfreiheit
zum Nulltarif telefonieren

O

die Oase (ägypt. ▷ griech. ▷ lat.)
* fruchtbare Stelle mit Pflanzen und Wasser in der Wüste
Oasen sind grüne Inseln im Sand.
* Ort der Erholung
Der kleine Park mitten in der Stadt ist eine Oase der Ruhe.

die Obduktion (lat.)
gerichtlich angeordnete Leichenöffnung, um die Todesursache zu klären
die Leiche zur Obduktion freigeben

das Objekt (lat.)
* Gegenstand, Ding, Sache
Der Makler bot ein günstiges Objekt zum Kauf an.
* Satzglied
Akkusativobjekt

objektiv (lat.)
sachlich, unparteiisch, nicht von Gefühlen beeinflusst
Ein Streitschlichter muss objektiv sein, um einen Streit schlichten zu können.

obligatorisch (lat.)
verbindlich vorgeschrieben, verpflichtend
Der Wochenplan enthält freiwillige und obligatorische Aufgaben.

das Observatorium (lat.)
Stern-, Wetterwarte, Beobachtungsstation
ein Observatorium besuchen

observieren

observieren (lat.)
überwachen, beschatten
einen Verdächtigen rund um die Uhr observieren

obskur (lat.)
verdächtig, zweifelhafter Herkunft
eine obskure Gestalt

obszön (lat.)
unanständig, das Schamgefühl verletzend
obszöne Witze, eine obszöne Geste

die Odyssee (griech. ▷ lat. ▷ franz.)
mit Schwierigkeiten verbundene lange Reise, Irrfahrt
Unsere Heimfahrt über die Dörfer war eine Odyssee.

offiziell (lat. ▷ franz.)
* von einer Dienststelle bestätigt und daher glaubwürdig
Das Wahlergebnis wurde offiziell bestätigt.
* feierlich, förmlich
Es ging bei der Einführung unserer Schulleiterin sehr offiziell zu.

offline (engl.) !
nicht mit dem Internet verbunden
offline gehen

okay (engl.) !
Abkürzung: o. k., oder: O. K.; abgemacht, in Ordnung

okkupieren (lat. ▷ franz.)
besetzen, einmarschieren, erobern
Truppen okkupierten das Land mehrere Monate lang.

öko..., Öko... (griech.)
den Lebensraum, die Umwelt, die Wirtschaft betreffend
ökologisch, ökonomisch, Ökoprodukt

ökologisch (griech.)
umweltbewusst, umweltfreundlich
ökologischer Anbau von Gemüse

ökonomisch (griech. ▷ lat.)
wirtschaftlich, sparsam
ökonomisch mit dem Taschengeld umgehen

das Ökoprodukt (griech.; lat.)
Erzeugnis, das aus umweltverträglicher Produktion oder umweltverträglichem Anbau kommt
Ökoprodukte sind besonders gekennzeichnet.

oktroyieren (lat. ▷ franz.)
aufzwingen, aufdrängen
Ich habe selbst eine Meinung und lasse mir nicht die anderer oktroyieren.

die Olympiade (griech. ▷ lat.)
internationaler sportlicher Wettbewerb, der alle vier Jahre ausgetragen wird
an einer Olympiade teilnehmen, eine Olympiade ausrichten

das Omen (lat.)
Vorzeichen, Zeichen
etwas als ein gutes, ein schlechtes, ein böses Omen deuten

ominös (lat. ▷ franz.)
bedenklich, verdächtig
Die Sache kommt mir ominös vor.

onanieren (engl. ▷ franz.)
sich selbst befriedigen, masturbieren

online (engl.) !
mit dem Internet verbunden
online einkaufen

das Open-Air-Festival (engl.) !
Großveranstaltung, die im Freien stattfindet, z. B. für Musik
ein Open-Air-Festival besuchen

die Oper (lat. ▷ ital.)
Bühnenstück, dessen Handlung durch Musik und Gesang dargestellt wird
eine Kinderoper aufführen

die Operation (lat.)
chirurgischer Eingriff
Blinddarmoperation

opponieren (lat.)
widersprechen, sich widersetzen
Die Anwohner opponieren gegen den Ausbau der Straße.

die Opposition (lat. ▷ engl. ▷ franz.)
alle Parteien eines Parlaments, die nicht an der Regierung beteiligt sind
Heftige Kritik an der Regierung kam von der Opposition.

der Optiker (griech. ▷ lat.)
Fachmann für optische Geräte, z. B. für Brillen
Der Optiker reparierte mein verbogenes Brillengestell.

optimal (lat.)
sehr gut, bestmöglich
Es wird immer wichtiger, die verfügbaren Energien optimal zu nutzen.

der Optimist (lat.)
Person, die vor allem die guten Seiten von etwas sieht
Egal was ist, ich bin ein Optimist.

optimistisch (lat.)
zuversichtlich, hoffnungsvoll
Ich bin ganz optimistisch, was meine Deutscharbeit betrifft.

die Option (lat.)
Möglichkeit, die zur Wahl steht
Zu welchem Verein der Fußballer wechselt, weiß er noch nicht. Er lässt sich alle Optionen offen.

optisch (griech.)
die Augen betreffend, vom äußeren Eindruck her
Das neue Handymodell wurde technisch und optisch verändert.

Orakel

das Orakel (lat.)
rätselhafte Voraussage, Weissagung
Im antiken Griechenland wurde vor wichtigen Entscheidungen das Orakel befragt.

das Orchester (griech. ▷ lat. ▷ franz. ▷ ital.)
große Gruppe von Musikern, die meistens unter der Leitung eines Dirigenten Musik machen

ordern (lat. ▷ franz.)
einen Auftrag erteilen, eine Ware bestellen

ordinär (lat. ▷ franz.)
unfein, gewöhnlich, geschmacklos
eine ordinäre Ausdrucksweise

das Organ (griech. ▷ lat. ▷ franz.)
* Teil des Körpers, der eine bestimmte Funktion hat, z. B. Herz, Magen
Die Haut ist auch ein Organ.
* Einrichtung, die bestimmte Aufgaben hat
Das Parlament ist ein Organ der Gesetzgebung.

organisieren (griech. ▷ lat. ▷ franz.)
* etwas sorgfältig und nach Plan aufbauen, vorbereiten
eine Klassenreise organisieren
* auftreiben, beschaffen
eine Kinokarte organisieren

der Organismus (griech. ▷ lat. ▷ franz.)
Zusammenwirken verschiedener Organe
der menschliche Organismus

der Orgasmus (griech.)
Höhepunkt der Lust beim Geschlechtsverkehr

der Orient (lat.)
die Länder in Vorder- und Mittelasien, östliche Welt
den Orient bereisen

sich orientieren (lat. ▷ franz.)
* sich zurechtfinden, eine Richtung finden
sich mithilfe einer Karte orientieren
* sich nach etwas ausrichten
Er orientierte sich an den Interessen seines Bruders.

die Orientierung (lat. ▷ franz.)
Fähigkeit, sich im Raum zurechtzufinden
die Orientierung verlieren

das Original (lat.)
* Urfassung, z. B. eines Dokuments, eines Kunstwerks
vom Original eine Kopie herstellen
* eigentümlicher, seltsamer Typ
Mein Opa ist ein richtiges Original.

originell (lat. ▷ franz.)
einfallsreich, ungewöhnlich
eine originelle Antwort geben

der Orkan (span. ▷ niederl.)
äußerst starker Sturm

das Ornament (lat.)
Verzierung, Muster
ein Türrahmen mit Ornamenten aus Holz

die Orthografie,
auch: **Orthographie** (griech. ▷ lat.)
Rechtschreibung

out…, Out… (engl.)
weg, aus, draußen
Outdoor, Outfit, out sein

das Outdoor (engl.)
Freizeitbeschäftigung, die im Freien stattfindet, z. B. Wandern oder Bergsteigen
Outdoor-Aktivitäten

das Outfit (engl.)
Kleidung, Stil, Ausrüstung
das passende Outfit

out sein (engl.; dt.)
nicht mehr in Mode sein, nicht mehr gefragt sein
Diese Hosenlänge ist megaout.

der Outsider (engl.)
Außenseiter
Leider blieb sie auch in der neuen Gruppe ein Outsider.

die Ouvertüre (franz.)
einleitendes Instrumentalstück am Anfang einer Oper
Nach der Ouvertüre ging der Vorhang auf.

oval (lat.)
länglich rund, wie ein Ei geformt
ein ovales Gesicht, ein ovaler Tisch

der Overheadprojektor (engl.)
Apparat, der beschriftete oder bemalte Folien vergrößert auf einer hellen Fläche wiedergibt

der Ozean (griech. ▷ lat.)
Wasserfläche zwischen den Kontinenten, Weltmeer

das Ozon (griech.)
Gas, das wir mit der Luft einatmen, das aber über einem bestimmten Grenzwert gesundheitsschädlich ist; in großer Höhe schützt es die Erde vor den schädlichen Strahlen der Sonne
Ozonalarm, Ozonloch

P

der Pädagoge (griech. ▷ lat.)
Erzieher, Lehrer

pädagogisch (griech. ▷ lat.)
erzieherisch, die richtige Erziehung betreffend
eine pädagogische Ausbildung

der Pakt (lat.)
Vertrag, Abkommen, Bündnis, z. B. zwischen Staaten

palavern (lat. ▷ port. ▷ engl.)
quatschen, ohne Ende schwätzen

die Palette (lat. ▷ franz.)
* Gerät eines Malers
Farben auf der Palette mischen
* Platte, die ein Gabelstapler anheben kann
Schwere Waren werden meistens auf Paletten gestapelt.
* reiche, vielfältige Auswahl
aus der breiten Palette der Reiseangebote etwas auswählen

die Pandemie (griech.)
Epidemie von großem Ausmaß

die Panik (griech. ▷ franz.)
übermächtige Angst, die zu unüberlegten Reaktionen führt; Kopflosigkeit
in Panik geraten

das Panorama (griech. ▷ engl.)
Rundblick, Ausblick

die Pantomime (griech. ▷ lat. ▷ franz.)
Darstellung einer Handlung oder Szene ohne Worte
sich eine Pantomime ausdenken

der Paparazzo (ital.)
meist im Plural: Paparazzi; Reporter, der Berühmtheiten verfolgt und fotografiert
aufdringliche Paparazzi

das Paperback (engl.) !
Taschenbuch
Paperbacks sind billiger als gebundene Bücher.

das Papier (griech. ▷ lat.)
* dünn gepresstes Material zum Beschreiben, Bedrucken oder Verpacken
ein Blatt Papier, das Geschenkpapier
* amtliches Schriftstück, Dokument
ein Papier unterzeichnen
* im Plural: Papiere; Ausweis
Sie können weiterfahren, ihre Papiere sind in Ordnung.

die Parade (lat. ▷ span. ▷ franz.)
Aufmarsch, Vorbeimarsch
Beim Staatsbesuch nahmen der Präsident und sein Gast die Parade ab.

das Paradies (pers. ▷ griech. ▷ lat.)
* überaus schöner Ort
Diese Insel ist ein Paradies.
* Garten Gottes
die Vertreibung aus dem Paradies

paradox (griech. ▷ lat.)
unsinnig, widersprüchlich
Nach dem Zähneputzen Süßigkeiten zu essen, ist paradox.

der Paragraf,
auch: **Paragraph** (griech. ▷ lat.)
Zeichen: §; durchnummerierte Abschnitte in Schriftstücken, z. B. in Verträgen oder Gesetzen
Paragraf 1 der Straßenverkehrsordnung

parallel (griech. ▷ lat.)
im gleichen Abstand, ohne Schnittpunkt
Bahnschienen verlaufen parallel.

der Parasit (griech. ▷ lat.)
Schmarotzer, ein Lebewesen, das auf Kosten anderer lebt, z. B. Zecke, Mistel, oder auch ein Mensch, der andere ausnutzt

parat (lat.)
zur Verfügung stehend, bereit
eine Ausrede parat haben

der Parcours (franz.) !
Lauf-, Rennstrecke
einen Parcours abstecken

das Park-and-ride-System (engl.) !
Abstellen von Autos am Stadtrand, um mit öffentlichen Verkehrsmitteln ins Zentrum weiterzufahren
das Park-and-ride-System nutzen

das Parkett (lat. ▷ franz.)
* Fußbodenbelag aus Holz
mit Parkett auslegen
* Sitzplatz, z. B. im Theater
im Parkett sitzen

das Parlament (lat. ▷ franz. ▷ engl.)
gewählte Volksvertretung
Das Parlament berät über einen Gesetzesentwurf.

die Parodie (griech. ▷ lat. ▷ franz.)
überspitzte, witzige Nachahmung
Die Parodie auf unsere Lehrer gefiel dem Publikum.

die Parole (griech. ▷ lat. ▷ franz.)
Motto, Leitspruch
Parolen auf Plakate malen

die Partei (lat. ▷ franz.)
* politische Organisation mit einem bestimmten Programm
eine Partei wählen
* Gruppe, Clique, Gemeinschaft
Es bildeten sich zwei Parteien.

parteiisch (lat. ▷ franz.)
voreingenommen, nicht neutral
ein parteiischer Schiedsrichter

paradox

Fr
Partisa

partizipieren
teilhaben, beteilig
Am Schwimmbad in
partizipieren die umliegen

der Partner (lat. ▷ franz. ▷ engl.)
jemand, mit dem eine Person zusammen lebt, arbeitet oder spielt
Lebenspartner, Partnerarbeit, Tennispartner

die Party (lat. ▷ franz. ▷ engl.)
Fest
Party machen

der Pass (lat. ▷ franz.)
* amtliches Dokument, Ausweis
einen Pass vorzeigen
* Übergang über ein Gebirge
über einen Pass fahren
* Zuspiel, Vorlage beim Ballspiel
einen genialen Pass schießen

passabel (lat. ▷ franz.)
ganz gut, annehmbar
passable Leistungen

die Passage (franz.) !
* überdachter Durchgang mit Geschäften
Einkaufspassage
* Absatz, Abschnitt, z. B. eines Textes
eine Passage abschreiben
* Reise mit Schiff oder Flugzeug
Schiffspassage

der Passagier (franz.) !
Flug- und Fahrgast, Schiffsreisende

mehrere …

passieren (lat. ▷ franz.)
* durchreisen, überqueren
Der Öltanker musste bei seiner Fahrt eine Meerenge passieren.
* geschehen, sich ereignen
Was ist denn passiert?

passiv (lat. ▷ franz.)
teilnahmslos, untätig, abwartend
sich passiv verhalten

das Passwort (engl.; dt.)
Kennwort
den Computer mit einem Passwort sichern

die Pastellfarbe
(griech. ▷ lat. ▷ ital. ▷ franz.; dt.)
zarter, heller Farbton

die Patchworkfamilie
(engl.; dt.) !
Familie, bei der mindestens ein Elternteil ein Kind aus einer früheren Beziehung mitbringt
in einer Patchworkfamilie leben

der Patient

das Patent (lat.)
amtliche Berechtigung, die Erfindungen vor Nachahmung schützt
Deinen selbst gebauten Roboter solltest du als Patent anmelden.

pathetisch (griech. ▷ lat.)
feierlich, übertrieben gefühlvoll
Das Lied klang sehr pathetisch.

der Patient (lat.)
Kranker in ärztlicher Behandlung

patriotisch (griech. ▷ lat. ▷ franz.)
stolz auf sein Heimatland
eine patriotische Einstellung

die Patrone (lat. ▷ franz.)
* Behälter aus Kunststoff, z. B. für Tinte
eine Patrone auswechseln
* Munition für Pistolen und Gewehre
eine Patrone in den Lauf eines Gewehrs schieben

die Pauschale (lat.)
einmalige Bezahlung, in der alle Teilleistungen inbegriffen sind
Beim Klassenfest erhoben wir für Essen und Trinken eine Pauschale von 3,50 Euro.

der Pavillon (franz.) ❗
runder oder eckiger, teilweise offener Bau, z. B. in einem Park oder auf einem Ausstellungsgelände

das Pay-TV (engl.) ❗
Privatfernsehen, das man gegen Gebühr empfangen kann
Im Pay-TV kann man alle Bundesligaspiele sehen.

der Pazifist (lat. ▷ franz.)
Person, die Krieg ablehnt

das Pedal (lat.)
* Hebel, der mit dem Fuß bedient wird, besonders im Auto
Gaspedal
* Tretkurbel am Fahrrad
in die Pedale treten

pedantisch (ital. ▷ franz.)
übertrieben genau, sehr akkurat
Ole korrigiert pedantisch meinen Text.

die Pediküre (lat. ▷ franz.)
Fußpflege
zur Pediküre gehen

penetrant (lat. ▷ franz.)
aufdringlich, durchdringend
ein penetrantes Geräusch, ein penetranter Geruch

penibel (lat. ▷ franz.)
bis ins Einzelne genau, kleinlich
In den Küchen der Gaststätten wird penibel auf Sauberkeit geachtet.

der Penis (lat.)
äußeres Geschlechtsmerkmal des Mannes, männliches Glied

die Pension (franz.) ❗
* kleines Hotel oder Privatunterkunft
in einer Pension übernachten
* Rente für Beamte
eine gute Pension bekommen

pensionieren (franz.) ❗
jemanden in den Ruhestand versetzen
mit 60 Jahren pensioniert werden

das Pensum (lat.)
Arbeit, die in einem bestimmten Zeitraum erledigt werden muss
das heutige Pensum schaffen

das Penthouse (engl.), ❗
auch: **Penthaus**
Wohnung auf dem Flachdach eines Hauses

der Pep (amerik.)
mitreißender Schwung
Der Musik fehlt der Pep.

per (lat.)
mittels, durch, mit
per Luftpost

perfekt (lat.)
* vollkommen, hervorragend, fehlerlos
eine perfekte Aussprache
* fertig, gültig
Der Mietvertrag ist perfekt.

das Perfekt (lat.)
Zeitform des Verbs, Vergangenheitsform

der Perfektionismus (lat. ▷ franz.)
übertriebener Wunsch, keinen Fehler zu machen, alles perfekt zu machen

perforiert (lat.)
mit einer Reißlinie versehen, die aus vielen kleinen Löchern besteht
Die perforierten Seiten meines Blocks lassen sich gut heraustrennen.

die Performance (engl.) !
von Künstlern dargebotene künstlerische Aktion, Vorführung
eine spannende Performance

die Periode (griech. ▷ lat.)
* Zeitabschnitt, Zeitraum
Hitzeperiode
* Monatsblutung, Menstruation
Sie hat ihre Periode bekommen.

permanent (lat. ▷ franz.)
dauernd, ununterbrochen
permanent schlechtes Wetter

perplex (lat. ▷ franz.)
verwirrt, verblüfft, überrascht
völlig perplex sein

perforiert

die Person (lat.)
* Mensch, menschliches Wesen
eine Fahrkarte für vier Personen lösen
* Figur, z. B. in einem Theaterstück, Film
ein Theaterstück für sechs Personen

die Personalie (lat.)
Angabe zur Person, z. B. Name, Geburtsdatum oder Ort
die Personalien feststellen

die Perspektive (lat.)
* Darstellung der räumlichen Verhältnisse, z. B. in einem Bild
etwas in der richtigen Perspektive malen
* Standpunkt, Blickwinkel
Aus meiner Perspektive sah das alles ganz anders aus.
* Möglichkeit, Aussicht für die Zukunft
Durch die Weiterbildung ergaben sich für meine Mutter neue berufliche Perspektiven.

pervers (lat. ▷ franz.)
* abartig, unnormal, widernatürlich
eine perverse Lust am Quälen
* schlimm, absurd, empörend
Das ist ja pervers, wie der rast.

der Pessimist (lat.)
Person, die vor allem die schlechten Seiten von etwas sieht
Ein Pessimist sieht alles durch eine schwarze Brille.

pessimistisch (lat.)
hoffnungslos, Schlechtes erwartend
pessimistisch gestimmt sein

das Pestizid (lat.)
chemisches Mittel zur Bekämpfung von Schädlingen

das Petting (engl.)
Erregung der Lust, wenn sich ein Liebespaar gegenseitig die Genitalien streichelt

das Phänomen (griech. ▷ lat.)
* ungewöhnliche, erstaunliche Erscheinung
Naturphänomen
* Mensch mit außergewöhnlichen Fähigkeiten
Dieser Schlangenmensch ist ein Phänomen.

phänomenal (griech. ▷ lat. ▷ franz.)
außergewöhnlich, unglaublich

die Phantasie → Fantasie

phantasieren → fantasieren

phantastisch → fantastisch

das Phantom (griech. ▷ lat. ▷ franz.)
Fantasiebild, Hirngespinst
einem Phantom nachlaufen

das Phantombild (griech. ▷ lat. ▷ franz.; dt.)
Bild eines gesuchten Täters, das nach Zeugenaussagen erstellt wird

die Pharmaindustrie (griech.; lat. ▷ franz.)
Industrie, die sich mit Arzneimittelforschung, -herstellung und -vertrieb beschäftigt

die Phase (griech. ▷ franz.)
Abschnitt, Stufe
die heiße Phase des Wahlkampfs

philosophieren (griech. ▷ lat. ▷ franz.)
nachdenken, nachdenklich über etwas reden, sich mit dem Sinn des Lebens beschäftigen
Wir haben den ganzen Abend über Gott und die Welt philosophiert.

phlegmatisch (griech. ▷ lat.)
träge, schwerfällig, gleichgültig
ein phlegmatischer Mensch

die Phobie (griech. ▷ lat.)
krankhafte Angst
eine Phobie vor Schlangen haben

das Photo → Foto

photogen → fotogen

der Photograf → Fotograf

die Phrase (griech. ▷ lat. ▷ franz.)
Äußerung ohne Inhalt, Floskel
Phrasen dreschen

die Physik (griech. ▷ lat.)
Wissenschaft, die sich mit den Grundgesetzen der Natur beschäftigt; Schulfach
Im Physikunterricht wird experimentiert.

die Physiotherapie (griech.)
Behandlung von Krankheiten mit Krankengymnastik und Naturmitteln, wie z. B. Wärme

das Picknick (franz. ▷ engl.)
Mahlzeit, Imbiss im Freien

der Pick-up (engl.) !
kleiner Lieferwagen mit offener Ladefläche und herunterklappbaren Seitenwänden

picobello (niederd.; ital.)
tadellos, vorzüglich
picobello aufräumen

das Piercing (engl.)
Durchstechen der Haut, um Körperschmuck anzubringen
Nasenpiercing

pikant (franz.)
fein aufeinander abgestimmt, würzig
die Soße pikant abschmecken

pikiert (franz.)
gekränkt, verärgert, eingeschnappt
ein pikiertes Gesicht machen

das Piktogramm (lat.; griech.)
vereinfachte Darstellung, Bildsymbol
sich anhand von Piktogrammen orientieren

der Pilot (griech. ▷ ital. ▷ franz.)
Flugzeugführer, Rennfahrer

der PIN-Code,
auch: **PIN-Kode** (engl.) !
Kurzwort für: „personal identification number"; persönliche Geheimzahl für elektronische Geräte, z. B. fürs Handy

die Pinzette (franz.)
kleines Instrument zum Greifen von winzigen Gegenständen
Mein Vater zog mit der Pinzette einen Splitter aus meinem großen Zeh.

die Pipeline (engl.) !
Rohrleitung für den Transport von z. B. Erdöl, Erdgas

die Pipette (lat. ▷ franz.)
kleines Glasröhrchen, mit dem man Flüssigkeiten entnimmt, abmisst oder abgibt
mit einer Pipette 20 Tropfen Medizin auf einen Löffel geben

der Pirat (griech. ▷ lat. ▷ ital.)
Seeräuber

plädieren (lat. ▷ franz.)
sich für etwas aussprechen, etwas befürworten
Die Klassenkonferenz plädiert für einen Tag ohne Hausaufgaben.

das Plädoyer (franz.) !
Rede, bei der jemand, z. B. ein Staatsanwalt vor Gericht, für oder gegen etwas eintritt
Der Verteidiger hielt ein leidenschaftliches Plädoyer für seinen Mandanten.

das Plagiat (lat. ▷ franz.)
Gedanken, Ideen, Gegenstände, die man unrechtmäßig übernimmt
Teile des Buches waren ein Plagiat.

das Plakat (niederl. ▷ franz.)
Aushang, großes Stück festes Papier, auf dem informiert oder geworben wird
Wahlplakat, Filmplakat

die Plakette (franz.)
kleines Schild aus Plastik oder Metall zum Anstecken oder Ankleben
Umweltplakette

der Planet (griech. ▷ lat.)
Himmelskörper, der sich um die Sonne bewegt

das Planetarium (lat.)
Gebäude, in dessen Kuppel der Sternenhimmel abgebildet wird
ein Planetarium besuchen

planieren (lat. ▷ franz. ▷ niederl.)
etwas einebnen, glätten
ein Gelände planieren

die Plantage (franz.)
landwirtschaftlicher Großbetrieb, z. B. in tropischen Ländern
Kaffeeplantage

das Plastik (griech. ▷ lat. ▷ engl.)
Kunststoff
Spielzeug aus Plastik

die Plastik (griech. ▷ lat. ▷ franz.)
Werk eines Bildhauers
eine Plastik formen

plastisch (griech. ▷ lat. ▷ franz.)
* anschaulich
etwas plastisch schildern
* räumlich, körperhaft
plastisch darstellen

das Piktogramm

das Plateau (franz.)
Hochebene, Hochfläche
auf dem Plateau eines Berges stehen

plausibel (lat. ▷ franz.)
so beschaffen, dass es einleuchtet; verständlich, begreiflich
ein plausibles Argument

das Play-back,
auch: **Playback** (engl.)
Abspielen einer Tonaufzeichnung, die durch einen Live-Auftritt ergänzt wird
Der Rockstar sang zum Play-back.

die Pleite (jidd.)
* wirtschaftlicher Zusammenbruch
Er hat mit seinem Geschäft Pleite gemacht.
* Reinfall, Flop
Unsere Verkaufsaktion war eine Riesenpleite.

das Plenum (lat. ▷ engl.)
alle Mitglieder einer Gemeinschaft, z. B. einer Klasse, eines Parlaments
etwas nicht in einzelnen Gruppen, sondern im Plenum besprechen

der Plural (lat.)
Mehrzahl

das Plus (lat.)
Überschuss, Mehrbetrag, Vorteil
Sie schloss die Kasse mit einem Plus von 24 Euro.

der Podcast (engl.)
Radio- oder Fernsehsendung zum Herunterladen aus dem Internet
den Krimi als Podcast hören

das Podium (griech. ▷ lat.)
erhöhte Plattform
Auf dem Podium saßen Schulsprecher und Schulleitung.

die Poesie (griech. ▷ lat. ▷ franz.)
Dichtkunst, Werk in Versen
Lillis Elfchen ist eigentlich schon Poesie.

poetisch (griech. ▷ lat. ▷ franz.)
stimmungsvoll, empfindsam
ein poetischer Film

der/das Pogrom (russ.)
Verfolgung, Übergriff, Hetze, Ausschreitung
Immer wieder fanden Pogrome gegen die Juden statt.

die Pointe (franz.) !
geistreicher, überraschender Schluss
kein Witz ohne Pointe

der Pokal (griech. ▷ lat. ▷ ital.)
* Trinkgefäß
aus einem Pokal trinken
* Preis bei einem sportlichen Wettkampf
den Pokal gewinnen

pokern (engl. ▷ amerik.)
bei Geschäften, Verhandlungen ein hohes Risiko eingehen
sehr hoch pokern

der Pol (griech. ▷ lat.)
* Endpunkt der Erdachse und seine Umgebung
Nordpol, Südpol
* Aus- und Eintrittspunkt bei einer Stromquelle
Pluspol, Minuspol

die Polonaise

polemisch (griech. ▷ franz.)
sehr scharf, kritisch, oft unsachlich
eine polemische Äußerung

polieren (lat. ▷ franz.)
glatt und glänzend machen
Möbel polieren

die Politik (griech. ▷ franz.)
* alle Maßnahmen, die sich auf die Führung einer Gemeinschaft, eines Staates beziehen
Familienpolitik
* berechnendes Verhalten, Taktik, Strategie
Max' Politik ist es zu verschwinden, wenn Arbeit anfällt.

politisch (griech. ▷ lat. ▷ franz.)
die Politik betreffend
politische Bücher

die Polizei (griech. ▷ lat.)
Sicherheitsbehörde, die für öffentliche Ordnung und Sicherheit sorgt
Verkehrspolizei

die Polonaise, ! auch: **Polonäse** (franz.)
Gruppentanz in langer Reihe
Die Kinder stellen sich zur Polonaise auf.

pompös (lat. ▷ franz.)
übertrieben prunkvoll, prächtig
ein pompöser Hochzeitsstrauß

das Pony (engl.)
Pferd einer kleinen Rasse
Shetlandpony

der Pony (engl.)
Haar, das auf die Stirn fällt
den Pony nachschneiden

der Pool (engl.) !
Kurzwort für: Swimmingpool;
Schwimmbecken auf einem
Privatgrundstück

die Popmusik
(engl. ▷ amerik.; griech.)
moderne, populäre Unterhaltungsmusik

der Popstar (engl. ▷ amerik.; engl.)
erfolgreiche Person, z. B. auf
dem Gebiet der Popmusik oder
des Sports; Idol

populär (lat. ▷ franz.)
beliebt, allgemein bekannt
populär durch Film und Fernsehen

der Porno (griech.)
Kurzwort für: pornografischer Film,
Roman o. Ä.

die Pornografie,
auch: **Pornographie**
(griech. ▷ franz.)
Darstellung erotischer Szenen, die
als obszön empfunden werden

porös (lat. ▷ franz.)
durchlässig, durchlöchert, spröde
Das Gummi des Dichtungsringes ist
völlig porös geworden.

das Portemonnaie, !
auch: **Portmonee** (franz.)
Geldbörse, Geldbeutel

das Portfolio (ital.)
Sammlung eigener Arbeiten,
die man für wichtig hält
Ich überarbeite mein Portfolio,
bevor ich es abgebe.

der Portier (franz.) !
Person, die am Eingang eines
Gebäudes zum Empfang von
Personen bereitsteht; Pförtner
Hotelportier

die Portion (lat.)
abgemessene Menge, Anteil
eine Portion Popcorn

das Porto (lat. ▷ ital.)
Gebühren für die Beförderung von
Postsendungen
Wie teuer ist das Porto für ein
Päckchen nach Berlin?

das Porträt (franz.) !
* Brustbild, Bild eines Menschen, das
meistens nur den Oberkörper zeigt
ein Porträt malen
* ausführliche Darstellung einer
Person in den Medien
ein Porträt senden

das Porzellan (lat. ▷ ital.)
weißer Werkstoff, aus dem Geschirr
und Gefäße aller Art hergestellt
werden
chinesisches Porzellan

die Pose (lat. ▷ franz.)
gekünstelte Körperhaltung, Stellung
Lissi und ich probierten viele Posen
vor dem Spiegel aus.

die Position (lat.)
* Stelle, Stellung im Beruf
eine wichtige Position in einer Firma haben
* bestimmte Haltung, Lage
eine bequeme Position einnehmen
* Standort, z. B. eines Flugzeugs
die Position an den Tower melden

positiv (lat.)
bejahend, erfreulich, gut
eine positive Nachricht

possierlich (franz.)
klein, niedlich, drollig
ein possierliches Kätzchen

das/der Poster (lat. ▷ engl.)
Plakat, großes gedrucktes Bild

postieren (ital. ▷ franz.)
jemanden an einem bestimmten Platz aufstellen
An jedem Eingang im Stadion wurden Ordner postiert.

die Power (engl.) !
Kraft, Stärke, Leistung
viel Power haben

das Prädikat (lat.)
* Satzaussage, Satzkern
Jeder Satz hat ein Prädikat.
* Bewertung, Note
Das Spiel erhielt das Prädikat „besonders wertvoll“.

die Präferenz (lat. ▷ franz.)
etwas oder jemandem den Vorzug geben; Vorliebe
eine klare Präferenz für eine Partei haben

pragmatisch (griech. ▷ lat.)
sachbezogen, sachlich, auf praktisches Handeln gerichtet
Man muss das ganz pragmatisch sehen: Wer viel liest, liest besser.

das Praktikum (lat.)
praktische Tätigkeit und Übung im Rahmen einer theoretischen Ausbildung
Sie macht in der Firma ihres Onkels ein Praktikum.

präparieren

praktisch (griech. ▷ lat.)
* auf die Wirklichkeit bezogen
ein Problem praktisch lösen
* zweckmäßig, nützlich
ein praktischer Bleistiftspitzer
* geschickt, gewandt
ein praktischer Mensch

prämieren (lat.)
belohnen, auszeichnen
Die drei besten Fotos wurden prämiert.

das Präparat (lat.)
* künstlich hergestelltes chemisches Mittel
ein Vitaminpräparat einnehmen
* konservierte Pflanze oder konservierter Tierkörper
das Präparat einer Spinne anschauen

präparieren (lat. ▷ franz.)
tote Lebewesen auf Dauer haltbar machen
Sie präparierte einen Schmetterling für ihre Sammlung.

die Präposition (lat.)
Verhältniswort

das Präsens (lat.)
Zeitform des Verbs, Gegenwartsform

die Präsentation (lat. ▷ franz.)
Darstellung, Vorstellung von etwas vor einem Publikum
eine Präsentation vorbereiten

sich präsentieren (lat. ▷ franz.)
sich so zeigen, dass man gesehen und beachtet wird
sich in voller Größe präsentieren

das Präservativ (lat. ▷ franz.)
Kondom, Überzug aus Gummi für den Penis, um eine Schwangerschaft zu verhüten oder sich z. B. vor Krankheiten wie Aids zu schützen

der Präsident (lat. ▷ franz.)
* Oberhaupt eines Staates
der amerikanische Präsident
* Vorsitzender, Leiter
Polizeipräsident

das Präteritum (lat.)
Zeitform des Verbs, Vergangenheitsform, Imperfekt

die Prävention (lat. ▷ franz.)
Vorbeugung, Verhütung
In unserer Schule gibt es ein Training zur Gewaltprävention.

die Praxis (griech. ▷ lat.)
* Erfahrung, die durch praktische Tätigkeit gewonnen wurde
eine langjährige Praxis haben
* Anwendung von Theorien, Gedanken und Vorstellungen in der Wirklichkeit
Ob der Plan funktioniert, wird sich in der Praxis zeigen.
* Arbeitsräume, z. B. eines Arztes
eine Arztpraxis aufsuchen

präzis, auch: **präzise** (lat. ▷ franz.)
bis ins Einzelne gehend, ganz genau
eine präzise Beschreibung des Unfalls geben

die Präzision (lat. ▷ franz.)
Genauigkeit, Feinheit
etwas mit höchster Präzision tun

prekär (lat. ▷ franz.)
schwierig, heikel, brenzlig
in eine prekäre Situation geraten

die Premiere (franz.) !
erste Aufführung, z. B. eines Theaterstückes, eines Films
Die Premiere unseres Theaterstückes ist ausverkauft.

die Presse (lat.)
* alle regelmäßig erscheinenden Zeitungen und Zeitschriften
Die Presse berichtete ausführlich über unseren Projekttag.
* Gerät, mit dem Saft z. B. aus Obst gewonnen wird
Zitronenpresse

das Prestige (franz.) !
Ansehen, Bedeutung, Wichtigkeit in der Öffentlichkeit
„Es geht um das Prestige unserer Schule", ermahnte uns die Schulleiterin.

die Primarstufe (lat.; dt.)
Grundschule

primitiv (lat. ▷ franz.)
sehr einfach ausgeführt, schlicht, anspruchslos
ein primitiv gebautes Gartenhäuschen

prinzipiell (lat. ▷ franz.)
grundsätzlich
Ich bin prinzipiell dagegen.

die Prise (lat. ▷ franz.)
kleine Menge eines feinkörnigen Stoffes
eine Prise Salz

privat (lat.)
nicht öffentlich, persönlich, vertraulich
eine private Angelegenheit

pro (lat.)
* je
vier Euro pro Person
* für etwas
Argumente pro und kontra sammeln

probieren (lat.)
* versuchen, ob etwas möglich ist
Ich probiere, ob meine Gangschaltung funktioniert.
* kosten, den Geschmack prüfen
eine Soße probieren

das Problem (griech. ▷ lat.)
* schwierige Aufgabe
ein Problem lösen
* Schwierigkeit, Ärger
Probleme mit den Eltern haben

problematisch (griech. ▷ lat.)
heikel, knifflig, kompliziert
eine problematische Situation

das Produkt (lat.)
* Erzeugnis, Ware
ein neues Produkt verkaufen
* Ergebnis einer Malaufgabe in der Mathematik
Das Produkt von 2 x 2 ist 4.

produktiv (lat. ▷ franz.)
erfolgreich, ergiebig
eine produktive Arbeit

produzieren (lat.)
etwas herstellen, erzeugen, schaffen
Waren produzieren

sich produzieren (lat.)
sich auffällig benehmen, um zu zeigen, was man kann oder hat
Sie produziert sich gerne vor ihren Freundinnen.

professionell (franz.)
* berufsmäßig
professionelle Sportler
* gekonnt, sachkundig, wie ein Profi
Die Einbrecher gingen äußerst professionell vor.

die Professorin (lat.)
Hochschullehrerin

der Profi (engl.)
Kurzwort für: Professional;
* Fachmann, Fachfrau
Auf ihrem Gebiet ist sie ein Profi.
* Sportler, der seinen Sport als Beruf ausübt
Er ist längst kein Amateur mehr, er ist Profi.

das Profil (lat. ▷ ital. ▷ franz.)
* Seitenansicht eines Gesichtes
jemanden im Profil fotografieren
* Riffelung, z. B. bei Autoreifen
ein völlig abgefahrenes Profil
* herausragende, besondere Eigenschaft
Unsere Schule hat ein Musikprofil.

sich profilieren (lat. ▷ ital. ▷ franz.)
seine Fähigkeiten entwickeln, sich einen Namen machen
Unsere Theatergruppe möchte sich mit dem neuen Stück stärker profilieren.

profitieren (franz.)
Nutzen ziehen, Vorteil haben
Sie profitiert von der Gutmütigkeit ihres kleinen Bruders.

die Prognose (griech. ▷ lat.)
Vorhersage, wie sich etwas entwickeln wird, z. B. das Wetter, eine Krankheit, eine Wahl

das Programm (griech. ▷ lat. ▷ franz.)
* festgelegte Folge, vorgesehener Ablauf
das Programm der Abschlussfeier
* Heft oder Zettel, auf dem der Ablauf von etwas mitgeteilt wird
im Fernsehprogramm blättern
* Folge von Arbeitsanweisungen, z. B. für eine Datenverarbeitungsanlage
Computerprogramm
* Warenangebot eines bestimmten Artikels
ein super Kinderbuchprogramm

programmieren (griech. ▷ lat. ▷ engl.)
ein Programm für einen Computer schreiben

die Prise

progressiv (lat. ▷ franz.)
fortschrittlich
Der progressive Teil der Partei forderte Reformen.

das Projekt (lat.)
Plan, Entwurf, Vorhaben
ein Projekt vorbereiten

die Promenade (lat. ▷ franz.)
schön angelegter Weg zum Schlendern und Spazierengehen

prominent (lat.)
bedeutend, bekannt, berühmt
prominente Persönlichkeiten

die Prominenz (lat. ▷ engl.)
Gesamtheit der prominenten Persönlichkeiten
Zum Filmfestival erschien die gesamte Prominenz.

prompt (lat. ▷ franz.)
unverzüglich, sofort
prompte Antwort

das Pronomen (lat.)
Fürwort

die Propaganda (lat.)
intensive Werbung z. B. für politische Ideen
Wahlpropaganda

der Propeller (lat. ▷ engl.)
Vorrichtung zum Antrieb z. B. von Schiffen und Flugzeugen
Propellermaschine

prophezeien (griech. ▷ lat.)
voraussehen, weissagen, wahrsagen
Die Wahrsagerin prophezeite ihm eine große Zukunft.

die Prophylaxe (griech.)
vorbeugende Maßnahme, Verhütung von Krankheiten
Die sicherste Prophylaxe für gesunde Zähne: Zähne putzen!

die Proportion (lat.)
Größenverhältnis, Gleichmaß
Der Kopf ist zu groß, der Körper zu klein. Die Proportionen stimmen nicht.

prophezeien

die Prosa (lat.)
Erzählkunst, nicht in Versen geschriebene Sprache
Manche Schriftsteller veröffentlichen Lyrik und Prosa.

der/das Prospekt (lat.)
Faltblatt, Broschüre
Reiseprospekt, Werbeprospekt

der Protest (lat. ▷ ital.)
heftiger Einspruch, Ablehnung
Gegen die Schiedsrichterentscheidung hagelte es Proteste.

protestieren (lat. ▷ franz.)
lautstark widersprechen, ablehnen
Eine Gruppe von Demonstranten protestierte lautstark gegen die Schließung des Jugendzentrums.

die Prothese (griech.)
künstlicher Ersatz eines fehlenden Teils des Körpers
Zahnprothese, Beinprothese

das Protokoll (griech. ▷ lat.)
schriftliche Zusammenfassung von Ergebnissen, z. B. einer Versammlung, eines Versuchs
Wir hielten die Ergebnisse des Klassenrates in einem Protokoll fest.

der Proviant (lat. ▷ ital. ▷ franz.)
Verpflegung für eine Wanderung, eine Reise

der Provider (engl.)
Anbieter von Kommunikationsdiensten, z. B. einem Zugang zum Internet
den Provider wechseln

die Provinz (lat.)
* Verwaltungseinheit in bestimmten Ländern
Das Römische Reich war in Provinzen eingeteilt.
* ländliche Gegend im Gegensatz zur Großstadt
in der Provinz leben

provisorisch (lat. ▷ franz.)
behelfsmäßig, noch nicht endgültig
etwas provisorisch reparieren

das Provisorium (lat. ▷ franz.)
Übergangslösung, vorläufige Lösung
Die Unterbringung der Büros in Containern war nur ein Provisorium.

provozieren (lat. ▷ franz.)
reizen, zu einer Reaktion herausfordern
Manche wollen durch ihr Verhalten provozieren und Aufmerksamkeit erregen.

die Prozedur (lat. ▷ franz.)
schwieriges und umständliches Verfahren, Behandlung
eine schmerzhafte Prozedur

das Prozent (lat. ▷ ital.)
Zeichen: %; Hundertstel, vom Hundert
Alle Preise wurden um 50 % herabgesetzt.

der Prozess (lat.)
* gerichtliches Verfahren, in dem ein Rechtsstreit entschieden wird
Der Prozess wird neu aufgerollt.
* Ablauf, Entwicklung
Der Heilungsprozess dauert lange.

das Pseudonym (griech.)
Deckname, nicht der richtige Name
Sie schrieb diesen Roman unter einem Pseudonym.

psych..., Psych... (griech.)
alle bewussten und unbewussten Verhaltensweisen des Menschen betreffend
Psychiatrie, psychisch, Psychoterror

die Psychiatrie (griech.)
Krankenhaus oder Krankenhausabteilung, in der seelisch kranke Menschen behandelt werden
Kinder- und Jugendpsychiatrie

psychisch (griech.)
seelisch, emotional
psychische Probleme haben

die Psychologie (griech.)
Wissenschaft, die sich mit den seelischen Zuständen und Gefühlen des Menschen beschäftigt
Kinderpsychologie

psychologisch (griech.)
die Gefühle des Menschen beachtend, um die Gefühle wissend
Die Unfallopfer wurden sofort medizinisch versorgt und psychologisch betreut.

die Psychopharmaka (griech.)
Arzneimittel, die eine Wirkung auf das seelische Empfinden des Menschen haben
Psychopharmaka einnehmen

der Psychoterror (griech.; lat.)
Methode, jemanden einzuschüchtern und zu ängstigen
Seine ständigen Sticheleien waren der reinste Psychoterror.

die Pubertät (lat.)
Zeit des allmählichen Erwachsenwerdens, der Geschlechtsreife
in die Pubertät kommen

publik machen (lat. ▷ franz.; dt.)
bekannt machen
einen Skandal publik machen

das Publikum (lat. ▷ franz. ▷ engl.)
Zuschauer, Zuhörer
Das Publikum applaudierte lange.

publizieren (lat.)
veröffentlichen
einen Roman publizieren

der Puls (lat.)
regelmäßiger Herzschlag, den man z. B. am Handgelenk fühlen kann
den Puls messen

pulsieren (lat.)
lebhaft an- und abschwellen, strömen
In den Straßen der Stadt pulsiert der Verkehr.

das Pulver (lat.)
fester, sehr fein zerteilter Stoff
ein Medikament in Pulverform

der Punker (engl.) !
Kurzwort: Punk; Anhänger einer Bewegung mit auffälliger Aufmachung
Der Punker hatte Metallketten um den Hals und eine krasse Frisur.

pur (lat.)
* rein, unverfälscht, unverdünnt
purer Apfelsaft
* nur, bloß
purer Zufall

die Pyramide (ägypt. ▷ griech. ▷ lat.)
riesiger Grab- und Tempelbau
die ägyptischen Pyramiden

der Pyromane (griech.)
jemand, der den Zwang hat, Brände zu legen
Ein Pyromane setzte mehrere Scheunen in Brand.

Q

das Quadrat (lat.)
Viereck mit vier rechten Winkeln und vier gleich langen Seiten

die Qualifikation (lat. ▷ franz.)
* Befähigung zu einer bestimmten beruflichen Tätigkeit
Für den Job hat er die nötige Qualifikation.
* Wettkampf um die Teilnahme an der nächsten Runde
Die Qualifikation fürs Halbfinale knapp verpasst!

sich qualifizieren (lat. ▷ engl.)
sich für etwas eignen, erforderliche Leistungen erbringen, vorweisen
Ein Junge und ein Mädchen aus unserer Schule qualifizierten sich für einen Lesewettbewerb.

die Qualität (lat.)
Beschaffenheit, Eigenschaft, Wert
Regelmäßig wird die Wasserqualität im Schwimmbad überprüft.

das Quantum (lat.)
Menge, Portion, Dosis
das tägliche Quantum an Zucker nicht erhöhen

die Quarantäne (franz.) !
vorübergehendes Isolieren von Personen oder Tieren, um eine Ansteckung durch Krankheitserreger zu vermeiden
Der unter Quarantäne gestellte Vogel wurde genau beobachtet.

das Quartett (lat. ▷ ital.)
* Gruppe von vier Personen, z. B. Musikern oder Sängern
als Quartett auftreten
* Musikstück für vier Stimmen oder Instrumente
ein Quartett von Mozart hören
* Kartenspiel
Quartett spielen

das Quartier (lat. ▷ franz.)
Unterkunft
ein Quartier für eine Nacht suchen

quasi (lat.)
gewissermaßen, so gut wie
Tim hat die ganze Feier quasi im Alleingang organisiert.

die Querele (lat. ▷ franz.)
meist im Plural: Querelen; Streiterei, Reiberei, unerfreuliche Auseinandersetzung
Es kam zu Querelen um den Bau der neuen Umgehungsstraße.

die Querulantin (lat.)
Person, die immer etwas zu nörgeln hat und sich dauernd beschwert

quittieren (lat. ▷ franz.)
* bestätigen, bescheinigen
den Empfang der Ware quittieren
* auf etwas reagieren
eine dumme Bemerkung mit einem Achselzucken quittieren

die Quittung (lat. ▷ franz.)
* Beleg, Empfangsbestätigung
eine Spendenquittung ausstellen
* unangenehme Folge
Mit dem schlechten Ergebnis in meinem Test erhielt ich prompt die Quittung für meine Faulheit.

das Quiz (engl.)
Frage- und Antwortspiel

die Quote (lat.)
Anzahl oder Menge gemessen an der Gesamtzahl oder Gesamtmenge
Fernsehsender ermitteln für jede Sendung die Einschaltquote.

R

der Rabatt (lat. ▷ ital. ▷ franz.)
Preisnachlass
5 % Rabatt auf alle Waren

rabiat (lat.)
rücksichtslos, grob, brutal
rabiat durchgreifen

das/der Radar (engl.)
Kurzwort für: „radio detecting and ranging"; Verfahren, den Ort von Fahrzeugen oder Hindernissen auch in großer Entfernung festzustellen, z. B. von Flugzeugen
Radarschirm

radieren (lat.)
etwas Geschriebenes oder Gezeichnetes mithilfe eines Radiergummis oder Messers entfernen

radikal (lat. ▷ franz.)
* bis zum Äußersten gehend, hart, rücksichtslos, ohne Kompromisse
radikal gegen jemanden vorgehen
* total, völlig, ganz und gar
Ansichten und Meinungen radikal verändern

das Radio (lat. ▷ engl.)
Rundfunkgerät

die Radioaktivität (franz.)
Eigenschaft der Atomkerne, sich umzuwandeln und Strahlen auszusenden
Radioaktivität messen

der Radius (lat.)
Entfernung vom Mittelpunkt des Kreises bis zum Rand
den Radius einzeichnen

die Raffinerie (franz.)
Industriebetrieb zur Aufarbeitung und Weiterverarbeitung von Rohstoffen wie z. B. Zucker oder Erdöl
Erdölraffinerie

raffiniert (franz.)
durchtrieben, gerissen, schlau
einen raffinierten Plan aushecken

die Rakete (ital.)
* militärisch oder in der Raumfahrt verwendeter Flugkörper
Die Rakete schlug dicht neben besiedeltem Gebiet ein.
* Feuerwerkskörper
leuchtende Silvesterraketen

die Rallye (engl.) !
* Autorennen in mehreren Etappen
Autorallye
* Wanderung, bei der Aufgaben erfüllt werden sollen
Stadtrallye

rangieren (franz.) !
* Eisenbahnwagen auf ein anderes Gleis schieben oder fahren
Waggons geschickt rangieren
* eine Stelle in einer Rangfolge einnehmen
an fünfter Stelle rangieren

der Rap (engl.) !
rhythmischer Sprechgesang

rapid, auch: **rapide** (lat. ▷ franz.)
besonders schnell, rasant
Sein Gesundheitszustand verschlechterte sich rapid.

rar (lat. ▷ franz.)
selten, knapp, nur in geringer Menge vorhanden
Bezahlbare Wohnungen in Großstädten sind rar.

die Rarität (lat. ▷ franz.)
Seltenheit, Besonderheit
Die alte Uhr ist eine echte Rarität.

rasant (lat. ▷ franz.)
schwungvoll, schnell, stürmisch
mit rasantem Tempo um die Kurve fahren

der Rassismus (ital. ▷ franz.)
Meinung, dass manche Menschengruppen gegenüber der eigenen minderwertig sind und die damit Menschen völlig unbegründet herabwürdigt und diskriminiert
gegen Rassismus kämpfen

rassistisch (ital. ▷ franz.)
die Ansicht habend, dass bestimmte Menschengruppen weniger intelligent, weniger wert sind
Immer wieder werden Straftaten mit rassistischem Hintergrund begangen.

die Ration (lat. ▷ franz.)
Menge, die ein- oder zugeteilt wird, z. B. an Lebens- und Genussmitteln
Nach dem Erdbeben wurden unter den Opfern Wasser- und Lebensmittelrationen verteilt.

rational (lat.)
vernünftig, überlegt
eine rationale Entscheidung treffen

rationell (lat. ▷ franz.)
zweckmäßig, sparsam
durch rationelles Arbeiten Zeit und Geld sparen

die Razzia (arab. ▷ franz.)
groß angelegte, überraschende Fahndungsaktion der Polizei
Bei einer nächtlichen Razzia wurden lange gesuchte Verbrecher festgenommen.

reagieren (lat.)
auf etwas ansprechen, eine Wirkung zeigen
auf Vorwürfe heftig, schnell oder gelassen reagieren

die Reaktion (lat.)
* Wirkung, die durch etwas oder jemanden hervorgerufen wird
eine spontane Reaktion
* chemischer Prozess, der abläuft, wenn sich etwas verändert
Wenn ein Nagel in der Nässe allmählich rostig wird, findet eine chemische Reaktion statt.

real (lat.)
wirklich, tatsächlich, echt
Das habe ich nicht geträumt, das ist real.

realisieren (lat. ▷ franz.)
verwirklichen, in die Tat umsetzen
Pläne und Ideen realisieren

realistisch (lat. ▷ franz.)
* lebensnah, so wie in der Wirklichkeit
ein sehr realistischer Film
* nüchtern, sachlich, den Tatsachen ins Auge sehend
ein realistischer Mensch

die Realschule (lat.; dt.)
weiterführende Schule, die nach der Grundschule bis zur mittleren Reife führt

rebellieren (lat. ▷ franz.)
sich auflehnen, sich widersetzen
gegen ungerechte Behandlung rebellieren

recherchieren (franz.)
nachforschen, nach Informationen suchen
im Internet und in der Bibliothek recherchieren

recyceln, auch: **recyclen** (engl.)
gebrauchte Materialien wieder verwerten, z. B. Dosen, Papier
Müll recyceln

die Redakteurin (franz.)
Person, die für eine Zeitung oder andere Medien Beiträge auswählt, bearbeitet oder selbst schreibt
Sportredakteurin

die Redaktion (lat. ▷ franz.)
* alle Redakteure und Redakteurinnen zusammengenommen
Die Redaktion versammelt sich zu einer Besprechung.
* Überarbeitung, z. B. eines Textes
Die Redaktion eines Textes kostet viel Zeit.
* Arbeitsräume der Redakteure
Es war niemand mehr in der Redaktion.

reduzieren (lat.)
verringern, verkleinern
den Energieverbrauch reduzieren

das Referat (lat.)
Vortrag über ein bestimmtes Thema
ein Referat halten

der Referendar (lat.)
jemand, der sich zwischen der ersten und zweiten Staatsprüfung in einer weiteren Ausbildungszeit auf seinen Beruf vorbereitet, z. B. als Lehrer

reflektieren (lat.)
* zurückstrahlen
Die Leuchtstreifen an meiner Kleidung reflektieren im Dunkeln das Licht.
* nachdenken, erwägen, grübeln
lange über eine Frage reflektieren

der Reflektor (lat. ▷ franz.)
Gegenstand aus reflektierendem Material, z. B. Rückstrahler bei einem Fahrrad

der Reflex (lat. ▷ franz.)
unbewusste Reaktion auf einen Reiz, der von außen kommt
der Saugreflex eines Babys

die Reform (lat. ▷ franz.)
Veränderung, durch die etwas verbessert werden soll
Rechtschreibreform

der Refrain (franz.) !
wiederkehrender Reim in einem Lied
Den Refrain sangen alle mit.

das Refugium (lat.)
Zufluchtsort, ein Ort, an den man sich zurückziehen kann
Der Nationalpark ist ein Refugium für bedrohte Tiere.

die Regatta (ital.)
Wettfahrt für Boote

sich regenerieren (lat. ▷ franz.)
sich erholen, sich neu bilden
Nach einer Schürfwunde regeneriert sich die Haut sehr schnell.

die Regie (franz.) !
Leitung, Spielleitung bei Theater, Film, Fernsehen
Regie führen

regieren (lat. ▷ franz.)
einen Staat leiten, herrschen
Die Partei regiert mit einer hauchdünnen Mehrheit.

die Regierung (lat. ▷ franz.)
alle Personen, die einen Staat, ein Land regieren
Bundesregierung, Landesregierung

die Region (lat.)
Gebiet, Gegend, Bereich
In höheren Regionen des Gebirges schneite es bereits.

recyceln

regional (lat.)
gebietsweise, etwas, das sich auf ein bestimmtes Gebiet bezieht
In unserer Sprache gibt es große regionale Unterschiede.

die Regisseurin (franz.)
Person, die Schauspieler anleitet, die Regie führt
Lili und ich waren die Regisseurinnen in unserem Stück.

das Register (lat.)
alphabetisches Namens- oder Stichwortverzeichnis, z. B. im Anhang eines Lexikons

regulär (lat.)
vorschriftsmäßig, üblich, ordnungsgemäß
Der Unterricht endet regulär um 16 Uhr.

regulieren (lat. ▷ franz.)
* ordnen, regeln
den Verkehr regulieren
* die richtige Stufe, Stärke von etwas einstellen
die Temperatur, die Lautstärke regulieren

die Reklamation (lat.)
Beschwerde, Beanstandung
Der Verkäufer nahm meine Reklamation an.

rekonstruieren (lat. ▷ franz.)
* wiederherstellen, den ursprünglichen Zustand nachbilden
das alte Schloss rekonstruieren
* einen Ablauf genau wiedergeben
den Tathergang rekonstruieren

der Rekord (lat. ▷ franz. ▷ engl.)
Bestleistung, Höchstmaß
einen Rekord aufstellen, brechen

der Rektor (lat.)
Leiter einer Schule, auch einer Hochschule
Unser Rektor ist morgens immer als Erster in der Schule.

relativ (lat. ▷ franz.)
verhältnismäßig, im Vergleich zu etwas anderem
Hier sind die Preise relativ günstig.

relaxen (engl.)
sich entspannen, sich erholen
nach der Schule relaxen

die Reklamation

relevant (lat.)
wichtig, bedeutsam
Persönliche Meinungen sind nicht relevant für einen Unfallbericht.

das Relief (franz.) !
* Bild, das aus einer Fläche plastisch herausgearbeitet wird
ein gut erhaltenes Relief auf einer römischen Steintafel
* Nachbildung eines Teils der Erdoberfläche
Wir formten das Relief unserer Schulumgebung im Sandkasten nach.

die Religion (lat.)
Gottesverehrung, Frömmigkeit

renaturieren (lat.)
in einen natürlichen Zustand zurückführen
Der Umweltschutz setzt sich dafür ein, Flüsse zu renaturieren.

renitent (lat. ▷ franz.)
widerspenstig, eigensinnig
renitentes Verhalten

renovieren (lat.)
neu herrichten, instand setzen
eine Wohnung renovieren

rentabel (lat. ▷ franz.)
lohnend, gewinnbringend
rentable Geschäfte machen

die Rente (lat. ▷ franz.)
regelmäßiger, monatlicher Geldbetrag, den jemand erhält, der ein bestimmtes Alter erreicht hat oder der nicht mehr arbeiten kann
eine kleine Rente haben, in Rente gehen

die Reparatur (lat.)
Beseitigung eines Schadens, Instandsetzung
eine teure Reparatur

reparieren (lat.)
ausbessern, einen Schaden beheben

die Reportage (franz.) !
Bericht, auch mit Interviews und Kommentaren, in den Medien
Heute gibt's im dritten Programm eine Reportage über Vögel im Wattenmeer.

repräsentieren (lat. ▷ franz.)
jemanden oder etwas in der Öffentlichkeit vertreten
Jane repräsentiert unsere Schule im Kinder- und Jugendparlament.

die Repressalie (lat.)
Druckmittel, Maßnahme, um zu bestrafen oder etwas zu rächen
Die Zeugin schwieg aus Angst vor Repressalien.

das Reptil (lat. ▷ franz.)
Kriechtier, z. B. Krokodil, Schildkröte oder Eidechse

die Republik (lat. ▷ franz.)
Staatsform, bei der die Regierenden für eine bestimmte Zeit vom Volk oder von dessen Vertretern gewählt werden
Bundesrepublik Deutschland

das Requisit (lat.)
Gegenstand, der für eine Aufführung auf der Bühne oder im Film verwendet wird
Requisiten zusammensuchen

das Reservat (lat.)
größeres Gebiet, in dem seltene Tier- und Pflanzenarten geschützt werden

reservieren (lat. ▷ franz.)
freihalten, zurücklegen
Man kann Eintrittskarten oder einen Platz reservieren lassen.

reserviert (lat. ▷ franz.)
zurückhaltend, kühl, abweisend
sich reserviert verhalten

das Reservoir (franz.) (!)
Sammelbecken, Wasserspeicher
Trinkwasserreservoir

die Residenz (lat.)
Wohnsitz einer wichtigen Persönlichkeit, z. B. eines Staatsoberhauptes
Schloss Bellevue ist die Residenz des Bundespräsidenten.

resignieren (lat.)
aufgeben, sich fügen
Mama resignierte beim Kampf gegen die Schnecken.

resistent (lat.)
widerstandsfähig, unempfindlich
Diese Kartoffelsorte ist besonders resistent gegen Schädlinge.

resolut (lat. ▷ franz.)
entschlossen, energisch
Beim Streit auf dem Schulhof griff ein älterer Schüler resolut ein.

respektieren (lat. ▷ franz.)
achten, anerkennen, gelten lassen
andere Meinungen respektieren

das Ressort (franz.) (!)
Geschäfts-, Aufgabenbereich
Der Minister ist für das Ressort Verteidigung verantwortlich.

das Restaurant (franz.) (!)
Speisegaststätte

restaurieren (lat. ▷ franz.)
einen Kunstgegenstand oder ein Bauwerk ausbessern, wiederherstellen
Das Gemälde wurde sorgfältig restauriert.

das Resultat (lat.)
Ergebnis

das Resümee (franz.)
Zusammenfassung, knappe Inhaltsangabe
ein kurzes Resümee verfassen

retour (franz.) (!)
zurück
Weil uns die Ware nicht gefiel, schickten wir sie retour.

sich revanchieren (franz.) (!)
* sich erkenntlich zeigen, mit einer Gegenleistung ausgleichen
Ich möchte mich für deine Unterstützung revanchieren.
* eine Niederlage durch einen Sieg ausgleichen
Sie revanchierten sich mit einem 2:0 im Rückspiel.

das Revier (lat. ▷ franz. ▷ niederl.)
* Bereich, Gebiet
Der Kater verteidigt sein Revier.
* polizeiliche Dienststelle
jemanden aufs Revier bringen

die Revolte (franz.)
Aufruhr, Aufstand

die Revolution (lat. ▷ franz.)
* politischer Umsturz, radikale Veränderung der bestehenden Ordnung
die friedliche Revolution in der DDR
* entscheidende Neuerung, Umwälzung, z. B. auf dem Gebiet der Technik
Die Erfindung der Glühbirne war einst eine echte Revolution.

das Rezept (lat.)
* Verschreibung für ein Medikament, die man vom Arzt bekommt
ein Rezept ausstellen
* Anleitung, z. B. zum Backen oder Kochen
etwas nach Rezept kochen

der Rhythmus (griech. ▷ lat.)
etwas, das zeitlich gegliedert ist, regelmäßig wechselt und immer wiederkehrt, z. B. in der Musik
Rhythmus eines Songs

rigoros (lat. ▷ franz.)
sehr streng, hart, radikal
Die Ordner griffen rigoros durch.

riskant (franz.)
gefährlich, gewagt
ein riskantes Überholmanöver

riskieren (franz.)
* sich trauen, wagen
Ärger mit den Eltern riskieren
* etwas aufs Spiel setzen, sich einer Gefahr aussetzen
sein Leben riskieren

rivalisieren (lat. ▷ franz.)
um den Vorrang streiten, wetteifern, konkurrieren
Die beiden Schwestern rivalisieren ständig miteinander.

der Roboter (tschech. ▷ engl.)
elektronisch gesteuerter Automat, der Arbeiten verrichtet, z. B. in Fabriken
einen Roboter programmieren

rivalisieren

robust (lat. ▷ franz.)
unempfindlich, kräftig
eine robuste Gesundheit haben

die Rockmusik
(amerik.; lat. ▷ franz.)
Musikstil, der oft von kleinen Bands auf elektrisch verstärkten Instrumenten gespielt wird

der Roman (lat. ▷ franz.)
erfundene, umfangreiche, ausführlich erzählte Geschichte
Abenteuerroman

romantisch (lat. ▷ franz. ▷ engl.)
gefühlvoll, stimmungsvoll, schwärmerisch
Ben liest am liebsten romantische Liebesgeschichten.

die Rotation (lat.)
kreisförmige Drehung, Umdrehung
die Rotation der Erde um ihre eigene Achse

rotieren (lat.)
* sich drehen, kreisen
Die Räder rotieren mit 1500 Umdrehungen pro Minute.
* aus der Fassung geraten, sich in heller Aufregung befinden
Vor jeder Ferienreise rotiert Papa.
* die Besetzung eines Amtes wechseln
Unsere Klassendienste rotieren wöchentlich.

das Rouge (franz.)
rötliches Make-up für Wangen und Lippen
zu viel Rouge auftragen

die Route (franz.)
Reiseweg, Strecke, Richtung
Das Navi berechnet blitzschnell die Route.

die Routine (franz.)
längere Erfahrung, die einen befähigt, eine bestimmte Tätigkeit sicher und schnell auszuführen
Erst im Laufe der Zeit bekommt man beim Autofahren Routine.

der Rowdy (engl. ▷ amerik.)
rücksichtsloser Mensch, Flegel
Verkehrsrowdy

die Rubrik (lat.)
Spalte, Abschnitt mit Überschrift, z. B. in einer Zeitung
Ich fand eine Anzeige für ein gebrauchtes Fahrrad unter der Rubrik Flohmarkt.

das Rugby (engl.)
Kampfspiel mit eiförmigem Ball

der Ruin (lat. ▷ franz.)
Pleite, Zusammenbruch
Die schlechten Geschäfte brachten die Firma an den Rand des Ruins.

die Ruine (lat. ▷ franz.)
verfallenes Bauwerk
Vor mehreren hundert Jahren war diese Ruine einmal ein beeindruckendes Schloss.

ruinieren (lat. ▷ franz.)
zugrunde richten, unbrauchbar machen
Auf der Wanderung im Regen ruinierte ich meine neuen Schuhe.

rumoren (lat.)
dumpfen Lärm machen
Im Vulkan rumort es, manchmal rumort es auch in meinem Magen.

die Rushhour (engl.)
Hauptverkehrszeit

S

die Sabotage (franz.)
planmäßige Zerstörung von wirtschaftlichen oder militärischen Gütern oder Anlagen
Die Pipeline wurde Ziel einer Sabotage.

sadistisch (franz.)
grausam, peinigend
Tierschutzvereine berichten immer wieder davon, dass Tiere sadistisch gequält werden.

die Safari (arab. ▷ Suah. ▷ engl.)
Reise, bei der wilde Tiere beobachtet oder gejagt werden
auf Safari gehen

der Safe (engl.)
Geldschrank, Schließfach im Tresor

die Saison (franz.)
Zeitabschnitt innerhalb eines Jahres
Die Badesaison ist zu Ende.

Sale (engl.)
Ausverkauf

salopp (franz.)
betont bequem, lässig
saloppe Kleidung, saloppes Benehmen

der Sampler (engl.)
CD, auf der Titel verschiedener Musiker zusammengestellt sind
ein Sampler mit den größten Hits

das Sanatorium (lat.)
Einrichtung, in der Menschen sich nach einer Krankheit erholen können und ärztlich betreut werden
Nach ihrer Hüftoperation erholt sich Oma im Sanatorium.

sanieren (lat.)
modernisieren, wieder in einen ordentlichen Zustand versetzen
Unsere Turnhalle müsste dringend saniert werden.

der Sanitäter (lat. ▷ franz.)
jemand, der in Erster Hilfe und Krankenpflege ausgebildet ist

die Sanktion (lat. ▷ franz.)
Strafe, Maßnahme, durch die jemand zu einem bestimmten Verhalten gezwungen werden soll
Sanktionen gegen einen Staat beschließen, der die Menschenrechte verletzt

der Satellit (lat.)
Flug- oder Himmelskörper, der in einer Umlaufbahn kreist
Der Mond ist ein natürlicher Satellit der Erde. Künstliche Satelliten sind z. B. die Wettersatelliten.

die Sauce → **Soße**

der Scanner (engl.)
Gerät zum optischen Abtasten von Objekten, z. B. Strichcodes an Waren, Fingerabdrücken
Wenn die Kassiererin die Ware über den Scanner zieht, piepst es.

die Schablone (niederl.)
ausgeschnittene Vorlage, z. B. eines Umrisses, eines Musters oder einer Schrift
Einen Hund zeichnen? Nur mit Schablone!

die Scharade (franz.)
Wort- oder Silbenrätsel mit pantomimischer Darstellung
eine Scharade vorführen und erraten lassen

das Scharnier (lat. ▷ franz.)
drehbares Gelenk, z. B. an Türen
Die Tür klemmt, die Scharniere knirschen.

die Schatulle (lat. ▷ ital.)
Geld-, Schmuckkästchen

das Schema (griech. ▷ lat.)
Plan, Muster für einen Ablauf
Die Bankräuber gingen jedes Mal nach dem gleichen Schema vor.

der Schi → Ski

schick (franz.)
modisch, geschmackvoll
schicke Schuhe

schikanieren (franz.)
belästigen, drangsalieren, piesacken
Es gibt Menschen, die Freude daran haben, andere zu schikanieren.

der/das Schlamassel (jidd.)
verfahrene, schwierige Situation
Wie komme ich jetzt aus dem Schlamassel nur wieder heraus?

der Schock (niederl. ▷ franz.)
durch ein schlimmes Ereignis ausgelöste Erschütterung
Sie erlitt bei der Todesnachricht einen Schock.

schockieren (niederl. ▷ franz.)
jemanden fassungslos machen, entrüsten, empören
Mit hellgrünen Strähnen im Haar schockierte sie ihre Eltern.

der/das Schlamassel

schraffieren (ital. ▷ niederl.)
eine Fläche mit parallelen Linien stricheln, z. B. mit einem Buntstift

die Science-Fiction,
auch: **Sciencefiction** (engl.) !
Geschichte, die in der Zukunft spielt

das Screening (engl.) !
Methode zur Reihenuntersuchung, z. B. auf Krebs

secondhand (engl.) !
gebraucht, aus zweiter Hand
etwas secondhand kaufen

die Security (engl.) !
Sicherheitsdienst
Zur Bewachung des Geländes laufen Mitarbeiter der Security nachts Streife.

das Sekret (lat.)
Stoff, der von Drüsen im Körper produziert wird
Bei Gefahr sondern Stinktiere ein übel riechendes Sekret ab.

die Sekte (lat.)
kleinere Glaubensgemeinschaft, die in radikaler Weise ihre Überzeugungen vertritt
einer Sekte angehören

die Sekunde (lat.)
Zeichen: sec/sek; Zeiteinheit, 60 sek = 1 min

das Semifinale (lat.; franz.)
vorletzte Runde, Halbfinale bei Sportwettkämpfen
ins Semifinale gehen

senil (lat.)
altersschwach, greisenhaft
„Ich glaube, ich werde senil", sagt Opa, wenn er etwas vergisst.

der Senior (lat.)
* Vater, wenn man ihn vom Sohn unterscheiden will
Der Senior unterstützt seinen Sohn.
* meist im Plural: Senioren; älterer Mensch
Senioren können verbilligt mit der Bahn fahren.

die Sensation (lat. ▷ franz.)
unerwartetes Ereignis, das großes Aufsehen erregt
Es war eine kleine Sensation, als mein kleiner Bruder seine ersten Schritte machte.

sensationell (lat. ▷ franz.)
verblüffend, überraschend, aufsehenerregend
Das Comeback der Band war ein sensationeller Erfolg.

sensibel (lat. ▷ franz.)
empfindlich, empfindsam
Annas Haut reagiert sensibel auf Wolle.

der Sensor (lat. ▷ engl.)
elektronischer Messfühler
Der Sensor erfasste die Rauchentwicklung und löste Alarm aus.

sentimental (lat. ▷ franz. ▷ engl.)
übertrieben gefühlvoll, gefühlsbetont, rührselig
Der sentimentale Film rührte die Zuschauer zu Tränen.

separat (lat.)
gesondert, einzeln, für sich
Den Fisch bitte separat einpacken!

die Serie (lat.)
* Reihe zusammenpassender Dinge
Er malte eine Serie von Bildern zu diesem Thema.
* Aufeinanderfolge von ähnlichen Geschehnissen
eine Serie schwerer Unfälle
* Folge von z. B. Sendungen, die in regelmäßigen Abständen ausgestrahlt werden
eine sechsteilige Fernsehserie

seriös (lat. ▷ franz.)
vertrauenswürdig, solide
Der Mieter machte auf meine Eltern einen seriösen Eindruck.

die Serpentine (lat.)
stark gewundene Straße an einem Berghang
Die Straße windet sich in Serpentinen bis zum Pass.

der Server (engl.) !
Rechner, der kleinere Rechner miteinander verbindet
Wegen Überlastung stürzte der Server mal wieder ab.

der Service (engl.) !
Bedienung, Kundenbetreuung
ein hervorragender Service

servieren (lat. ▷ franz.)
Essen und Trinken auf den Tisch bringen, bei Tisch bedienen

die Serpentine

die Serviette (lat. ▷ franz.)
Stoff- oder Papiertuch zum Mundabwischen beim Essen

die Sexualität (lat.)
alles, was mit den Geschlechtsorganen und dem Geschlechtsverkehr zu tun hat
Sexualität gehört zu Liebe und Partnerschaft.

das Shampoo (engl.) !
Haarwaschmittel

die Shareware (engl.) !
Software, die zu Testzwecken günstig angeboten wird und erst bezahlt werden muss, wenn man sie auf Dauer nutzen will.

der Shop (engl.) !
Laden, Geschäft

shoppen (engl.) !
einen Einkaufsbummel machen

die Show (engl.)
großes Unterhaltungsprogramm, z. B. im Fernsehen

der/das Shuttle (engl.)
Pendelverkehr
Wir können den Shuttle vom Bahnhof zum Stadion nutzen.

die Siesta (lat. ▷ span.)
Ruhepause
Bei der Hitze legten wir mittags eine Siesta ein.

das Sightseeing (engl.)
Besichtigung von Sehenswürdigkeiten
Sightseeingtour

das Signal (lat. ▷ franz.)
optisches oder akustisches Zeichen zur Verständigung oder Warnung
Der Zugführer übersah das Signal.

signalisieren (lat. ▷ franz.)
zeigen, auf etwas aufmerksam machen
Die Kinder auf dem Boot signalisierten uns, dass sie Hilfe brauchten.

signieren (lat.)
mit einer Unterschrift versehen
Der Star signierte seine CD.

die Silhouette (franz.)
Umriss, Schattenbild
Von der Ferne aus sahen wir die Silhouette der Berge.

der/das Silo (span.)
Großspeicher, z. B. für Getreide
Der Landwirt holte für seine Kühe Futter aus dem Silo.

die SIM-Karte (engl.; dt.)
Kurzwort für: „subscriber identity module"; Chipkarte, die in ein Mobiltelefon gesteckt wird

simpel (lat. ▷ franz.)
einfach, unkompliziert
einen simplen Trick anwenden

simulieren (lat.)
* vortäuschen
Bauchschmerzen simulieren
* Vorgänge wirklichkeitsgetreu nachahmen
Im Labor simulierten die Wissenschaftler ein Erdbeben.

simultan (lat.)
gleichzeitig
Die Nachrichten werden simultan in die Gebärdensprache übersetzt.

der Single (engl.)
Person, die allein lebt

der Singular (lat.)
Einzahl

die Sirene (griech. ▷ lat. ▷ franz.)
Gerät, dessen heulender Ton als Alarm- oder Warnzeichen dient
Sirene am Krankenwagen

die Situation (lat. ▷ franz.)
Umstände, in denen sich jemand befindet; allgemeine Lage
jemanden in eine ausweglose Situation bringen, die wirtschaftliche Situation

die Skala (lat. ▷ ital.)
Maßeinteilung an Messinstrumenten
Temperaturskala

Skandal

der Skandal (griech. ▷ lat. ▷ franz.)
Vorfall, der große Empörung hervorruft
Durch gründliche Recherche deckte der Journalist einen handfesten Skandal auf.

skaten (engl.)
sich auf einem Brett mit vier Rollen stehend fortbewegen

das Skelett (griech.)
Knochengerüst, Gerippe
Das menschliche Skelett besteht aus mehr als 200 Knochen.

skeptisch (griech.)
zweifelnd, kritisch, misstrauisch
Er machte ein skeptisches Gesicht.

der Sketch,
auch: **Sketsch** (engl.)
kurze witzige Szene
einen Sketch aufführen

der Ski, auch: **Schi** (norw.)
langes, schmales Brett, auf dem man sich auf Schnee fortbewegt
Ski laufen

der Skinhead (engl.)
Angehöriger einer Gruppe Jugendlicher, die man an ihren kahl geschorenen Köpfen, Springerstiefeln und Bomberjacken erkennt

die Skizze (ital.)
einfache, nur mit wenigen Strichen angefertigte Zeichnung
eine Skizze des Unfalls anfertigen

der Sklave (griech. ▷ lat.)
ein Mensch, der wie ein Eigentum behandelt wird, ohne Rechte und persönliche Freiheit
Bis ins vorletzte Jahrhundert wurden Menschen verschleppt und als Sklaven verkauft.

skrupellos (lat.; dt.)
gewissenlos, rücksichtslos
ein skrupelloser Geschäftemacher

die Skulptur (lat.)
Werk eines Bildhauers
eine Skulptur mit Hammer und Meißel aus einem Stein herausarbeiten

der Skandal

skurril (lat.)
eigenwillig, seltsam, sonderbar
ein skurriler Einfall

der Slalom (norw.)
Zickzacklauf oder -fahrt, Torlauf
das Slalomfahren bei der Fahrradprüfung

der Slogan (engl.) !
Spruch, den man sich gut merken kann, z. B. in der Werbung oder Politik

der Slum (engl.) !
meist im Plural: Slums; überbevölkertes, verfallenes Elendsviertel, das oft am Rande der Megastädte entsteht

der Smog (engl.)
Kurzwort aus: „smoke“ und „fog“; Dunstglocke über Großstädten, die aus Nebel, Rauch und Abgasen besteht
Smog kann zu Atembeschwerden führen.

die SMS-Nachricht
Kurzwort für: „short message service“-Nachricht; über das Handy verschickte Kurznachricht

der Snack (engl.) !
kleiner Imbiss
Pausensnack

der Softie (engl.)
Mann, der als außergewöhnlich sanft und gefühlvoll gilt

die Software (engl.) !
Programme, die auf dem Computer laufen, z. B. zum Spielen, Lernen

die Solarenergie
(lat.; griech. ▷ lat. ▷ franz.)
Energie, die im Inneren der Sonne erzeugt und von ihr auf die Erde abgestrahlt wird
Die Solarenergie ist eine erneuerbare Energie, d. h., sie steht unbegrenzt zur Verfügung.

der Soldat (lat. ▷ ital.)
Angehöriger der Streitkräfte eines Landes

solid, auch: **solide** (lat. ▷ franz.)
* fest, haltbar
ein solider Tisch
* maßvoll, anständig
ein solider Lebenswandel

solidarisch (lat. ▷ franz.)
füreinander einstehend, sich verbunden fühlend
Im Streit mit meiner Mutter zeigten sich meine Geschwister mit mir solidarisch.

der Solist (lat. ▷ ital. ▷ franz.)
ein Einzelner, z. B. ein Musiker, der etwas darbietet

solo (lat. ▷ ital.)
* für sich, ohne Begleitung, z. B. bei einer musikalischen Darbietung, auftreten
Die Sängerin trat nach der Trennung von ihrer Gruppe nur noch solo auf.
* allein, alleinstehend
Nicole ist immer noch solo.

der Song (engl.) !
Lied, Gesangsstück
einen Song schreiben

sortieren (lat. ▷ ital.)
ordnen, auslesen, z. B. nach Art, Farbe, Größe
Emil sortiert das Besteck.

das Sortiment (lat. ▷ ital.)
Warenangebot in einem Geschäft
Der Supermarkt hat sein Sortiment um Bioprodukte erweitert.

die Soße (lat. ▷ franz.)
dickflüssige Zutat zu Gerichten, z. B. zu Nudeln

die Souffleuse (franz.)
Frau, die Schauspielern während der Aufführung den Text leise vorsagt, wenn es nötig ist
Die Souffleuse flüstert, damit das Publikum sie nicht hört.

der Sound (engl.)
typischer, charakteristischer Klang
Ich habe die Band sofort an ihrem Sound erkannt.

der Soundcheck (engl.)
Ausprobieren des Klangs vor einem Konzert

der Soundtrack (engl.)
Filmmusik

das Souvenir (franz.)
Andenken, Erinnerungsstück, Mitbringsel
Als Souvenir habe ich Muscheln mitgebracht.

souverän (franz.)
überlegen, jeder Aufgabe gewachsen
Souverän führte Louis die Gäste durchs Programm.

sozial (lat. ▷ franz.)
* hilfsbereit, menschlich, an das Wohl der Gemeinschaft denkend
sich sozial verhalten
* alles, was die Zugehörigkeit der Menschen zu einer der verschiedenen Gruppen in unserer Gesellschaft angeht
In unserer Gesellschaft gibt es große soziale Unterschiede.

der Sozialarbeiter
(lat. ▷ franz.; dt.)
Person, die Menschen in schwierigen sozialen Lagen berät oder betreut

die Sozialhilfe (lat. ▷ franz.; dt.)
finanzielle und andere Hilfen für Menschen in Notlagen
Sozialhilfe beantragen

der/das Spaceshuttle (engl.)
Raumfähre für den Transport von der Erde auf eine Satellitenbahn
Ein Spaceshuttle ist nach seiner Rückkehr auf die Erde wiederverwendbar.

der/das Spagat (ital.)
* Übung, bei der die gespreizten Beine eine Linie bilden, z. B. beim Turnen oder Ballett
Spagat auf dem Schwebebalken
* zwei gegensätzliche Positionen, die man überbrücken will
Spagat zwischen Familie und Beruf

das Spalier (lat. ▷ ital.)
eine aus zwei Reihen von Menschen gebildete Gasse
Die Schüler standen bei der Hochzeit ihrer Lehrerin Spalier vor der Kirche.

die Spedition (lat. ▷ ital.)
Transportunternehmen
eine Spedition mit einem Umzug beauftragen

das Spektakel (lat.)
beeindruckendes Geschehen, Schauspiel
Hunderte verfolgten das Spektakel.

spekulieren (lat.)
* erwarten, mit etwas rechnen, vermuten
Die Presse spekuliert bereits über eine Abwahl der Regierung.
* Gewinne anstreben
mit Aktien spekulieren

spendieren (lat.)
jemanden zu etwas einladen
ein Eis spendieren

das Sperma (griech. ▷ lat.)
Samenflüssigkeit mit männlichen Keimzellen

sich spezialisieren (lat. ▷ franz.)
das Interesse auf ein bestimmtes Gebiet ausrichten
Die Buchhandlung hat sich auf Kinder- und Jugendliteratur spezialisiert.

die Spezialität (lat. ▷ franz.)
eine Besonderheit von jemandem oder etwas
Köfte ist eine türkische Spezialität.

speziell (lat. ▷ franz.)
besonders, eigens, vor allem
Alle, aber speziell die Mädchen, schwärmen für den neuen Lehrer.

der Spion (germ. ▷ ital.)
* Person, die unerlaubterweise geheime Informationen übermittelt
* Guckloch in der Tür

spionieren (germ. ▷ franz.)
aus Neugier oder mit kriminellen Absichten nach geheimen Informationen suchen
Mit manipulierten E-Mails spionieren Betrüger die Passwörter von Bankkunden aus.

der Spleen (engl.) (!)
Eigenheit, Marotte, Fimmel
Finns neuester Spleen: Er streckt auf jedem Foto die Zunge heraus.

der Sponsor (engl.)
Geldgeber, Förderer
Oma und Opa sind meine großzügigsten Sponsoren.

die Souffleuse

spontan (lat.)
ohne langes Überlegen, plötzlich und ohne Aufforderung
spontan Hilfe anbieten

sporadisch (griech. ▷ franz.)
gelegentlich, nur selten, hin und wieder
Mein Bruder kommt nach seiner Heirat nur noch sporadisch zu Besuch.

der Spot (engl.)
* kurzer Werbefilm oder Werbetext
Werbespot, Fernsehspot
* Kurzwort für: „Spotlight"; Beleuchtung, die auf einen Punkt gerichtet ist
einen Spot direkt auf etwas richten

der/das Spray (engl.) !
Flüssigkeit, die aus einer speziellen Dose versprüht wird

die Sprayerin (engl.) !
Person, die Graffiti auf Wände oder große Flächen sprüht

sprinten (engl.)
eine kurze Strecke mit größtmöglichem Tempo zurücklegen
Auf den letzten 300 Metern sprintete sie.

der Spurt (engl.)
sehr schnelles Laufen über eine kurze Strecke
Am Schluss legte Tim noch mal einen tollen Spurt hin.

stabil (lat.)
haltbar, fest, robust, dauerhaft
ein stabiler Stuhl, eine stabile Gesundheit, eine stabile Währung

stabilisieren (lat.)
standfest machen, etwas so sichern, dass es Belastungen standhält
Die Brückenpfeiler mussten stabilisiert werden.

das Stadion (griech.)
große Anlage für Sportveranstaltungen
Fußballstadion

das Stadium (griech. ▷ lat.)
Abschnitt innerhalb einer Entwicklung
Wenn man eine Krankheit in einem frühen Stadium erkennt, kann sie besser geheilt werden.

stagnieren (lat.)
ins Stocken geraten, sich festfahren
Weil sich die beiden Parteien nicht einigen können, stagnieren die Verhandlungen.

stabil

der Stalker (engl.) (!)
jemand, der eine andere Person ständig verfolgt, ihr auflauert
Der Stalker belästigt den Filmstar durch ständige Telefonanrufe.

das Stand-by,
auch: **Standby** (engl.) (!)
Kurzwort für: Stand-by-Betrieb; Bereitschaftsschaltung
Ich fahre den Computer nicht herunter, sondern stelle ihn auf Stand-by.

der Star (engl.)
Person, die sehr berühmt ist, z. B. aus dem Showgeschäft, Sport

die Station (lat.)
* Haltestelle
Endstation
* Rast, Aufenthalt
in Hamm Station machen
* Abteilung in einem Krankenhaus
Säuglingsstation

stationär (lat. ▷ franz.)
an einen festen Standort gebunden
Einige Verletzte wurden ambulant behandelt, andere stationär im Krankenhaus aufgenommen.

der Statist (lat.)
stumme Rolle in einem Film oder Theaterstück
Für die Aufführung wurden zahlreiche Statisten gesucht.

die Statistik (lat.)
schriftliche Zusammenstellung der Ergebnisse, die man durch Massenuntersuchungen erhält
eine Statistik erstellen

das Stativ (lat.)
Gestell zum Aufstellen von Geräten, z. B. einer Kamera, einem Messgerät
ein Messgerät auf einem Stativ befestigen

die Statue (lat.)
frei stehendes Standbild eines Menschen oder Tieres
eine griechische Statue

die Statur (lat.)
Körperbau, Gestalt, Figur
Der Sohn glich in der Statur seinem Vater.

das Statussymbol
(lat.; griech. ▷ lat.)
etwas, das anderen Ansehen und eine besondere Stellung in der Gesellschaft zeigen soll
Nicht überhaupt ein Handy, sondern das neueste zu haben gilt als Statussymbol.

steril (lat. ▷ franz.)
* keimfrei, frei von Krankheitserregern
ein steriler Verband
* langweilig, nüchtern, monoton
Dieser Saal wirkt kalt und steril.

das Stethoskop (griech.)
Hörrohr, Gerät zum Abhören von Herztönen und Atmungsgeräuschen

der Stick (engl.)
Kurzwort für: USB-Stick („universal serial bus"-Stick); kleines, schmales Gerät, auf das man Daten speichern kann

die Strapaze

der Sticker (engl.)
Aufkleber aus Papier oder Plastik
Sticker werden von manchen Menschen gern gesammelt.

der Stil (lat.)
* Form, in der etwas gestaltet wird; Ausdrucksweise
ein guter Sprachstil,
ein einfacher Lebensstil
* Art und Weise, in der Kunstwerke einer bestimmten Zeit gestaltet sind
ein moderner Baustil

das Stipendium (lat.)
finanzielle Unterstützung für Schüler, Studenten oder junge Forscher
ein Stipendium beantragen

der Stop-and-go-Verkehr (engl.; dt.) !
langsam fließender Verkehr mit häufigem Anhalten
Stop-and-go-Verkehr auf der Autobahn bei Ferienbeginn

die Story (engl. ▷ amerik.)
Geschichte, Inhalt eines Films oder eines Romans
eine tolle Story

die Strapaze (ital.)
große Anstrengung, Mühe
Der letzte Teil des Aufstiegs war eine Strapaze.

strapazieren (ital.)
nicht schonen, stark belasten
Bei der Fahrt ins Tal wurden meine Bremsen stark strapaziert.

die Strategie (griech. ▷ franz.)
genauer Plan, Methode, Taktik
Ich kenne einfache Strategien, um sicher und fehlerfrei zu schreiben.

strategisch (griech.)
ausgeklügelt, überlegt, geschickt
Damit alles gut klappt, gehen wir bei der Planung unseres Abschiedsfestes strategisch vor.

der Streetworker (engl.) !
Sozialpädagoge, der gefährdete oder straffällig gewordene Menschen aufsucht und unterstützt

der Stress (lat. ▷ franz. ▷ engl.)
körperliche und seelische Belastung, Druck
Unfälle passieren häufig bei zu viel Stress.

strikt (lat.)
streng, ganz genau, bestimmt
etwas strikt geheim halten, strikt ablehnen

die Strophe (griech. ▷ lat.)
Abschnitt eines Liedes, Gedichtes

strukturieren (lat.)
gliedern, ordnen, aufbauen
Ich versuchte, meinen Text noch besser zu strukturieren.

der Student (lat.)
jemand, der an einer Hochschule studiert
Er ist Student an der Musikhochschule.

studieren (lat.)
* an einer Hochschule lernen
Tiermedizin studieren
* genau durchlesen, prüfen
Sie studiert den Vertrag genau, bevor sie ihn unterschreibt.

das Studio (lat. ▷ ital.)
Raum für künstlerische Arbeiten, Proben, Fernseh- und Rundfunksendungen
Fernsehstudio, Filmstudio

der Stunt (engl.) !
gefährliches akrobatisches Kunststück, z. B. als Szene in einem Actionfilm
Der Schauspieler trainierte stundenlang für den Stunt.

stupid, auch: **stupide** (lat. ▷ franz.)
langweilig, monoton, stumpfsinnig
Manchmal muss man auch stupide Arbeiten durchführen.

stylen (engl.) !
zurechtmachen, z. B. durch Frisur, Kleidung, Kosmetik

das Subjekt (lat.)
Satzgegenstand

subjektiv (lat.)
von persönlichen Gefühlen und Interessen bestimmt
etwas subjektiv beurteilen

das Substantiv (lat.)
Namenwort, Nomen

subtrahieren (lat.)
abziehen, vermindern

der/das Suizid (lat.)
Selbsttötung, Freitod
Suizid begehen

super..., Super... (lat.)
über, hervorragend, mehr als
Superlativ, superleicht, Supernova

der Superlativ (lat.)
* 2. Vergleichsstufe des Adjektivs, Höchststufe des Adjektivs
Wie heißt der Superlativ von „gut“?
* etwas, was nicht zu überbieten ist
eine Weltmeisterschaft der Superlative

superleicht (lat.; dt.)
mehr als leicht, besonders leicht
ein superleichtes Fahrrad

der Supermarkt (engl.; dt.)
großer Selbstbedienungsladen mit umfangreichem Sortiment

die Supernova (lat.)
besonders helles Aufleuchten eines Sterns durch innere Explosionen am Ende seiner Lebenszeit
Im Planetarium gibt es Informationen über Supernovas.

der Superstar (lat.; engl.)
besonders erfolgreiche Person, z. B. Künstler oder Sportler

surfen (engl.) !
* im Internet nach Informationen suchen
* eine Wassersportart betreiben, bei der man sich auf einem Brett stehend von den Wellen ans Ufer tragen lässt

suspekt (lat.)
irgendwie verdächtig, fragwürdig, undurchsichtig
Sein Verhalten kam uns suspekt vor.

switchen (engl.) !
rasch hin und her wechseln, z. B. zwischen Fernsehsendungen

das Symbol (griech. ▷ lat.)
* Sinnbild
Die Taube gilt als Symbol des Friedens.
* klar erkennbares Zeichen, z. B. auf einer Landkarte
Ich verstehe eine Landkarte erst, wenn ich die Bedeutung der Symbole kenne.

symmetrisch (griech. ▷ lat.)
auf beiden Seiten genau gleich
Mein Muttertagsherz: schön rot, aber überhaupt nicht symmetrisch.

sympathisch (franz.)
liebenswert, freundlich, angenehm
ein sympathisches Gesicht, eine sympathische Stimme

das Symptom (griech.)
Zeichen, aus dem man etwas erkennen kann, Krankheitszeichen
Ein typisches Symptom bei Windpocken sind die Pusteln.

die Synagoge (griech. ▷ lat.)
jüdisches Gotteshaus

synchron (griech.)
gleich, mit gleicher Geschwindigkeit ablaufend
Synchronschwimmerinnen

das Synonym (griech. ▷ lat.)
Ersatzwort, sinnverwandtes Wort
Der Junge, der Bub, der Knabe – das sind alles Synonyme.

systematisch (griech. ▷ lat.)
planmäßig, gezielt, nach einer sinnvollen Ordnung
Die Gegend wurde systematisch nach der Vermissten abgesucht.

die Szene (griech. ▷ lat. ▷ franz.)
* kleinste Handlungseinheit eines Films, Theaterstückes
Liebesszene
* Vorgang, der sich zwischen Personen vor anderen abspielt
herzzerreißende Abschiedsszenen auf dem Bahnhof
* Auseinandersetzung, heftige Vorwürfe, die jemandem gemacht werden
Papa, mach mir jetzt keine Szene!

T

die Tabelle (lat.)
* listenförmige Zusammenstellung, z. B. von Zahlen
Messergebnisse in die Spalten einer Tabelle eintragen
* Rangfolge von Mannschaften, Sportlern
Bundesliga-Tabelle

das Tablett (lat. ▷ franz.)
Servierbrett
Der Ober ließ das Tablett mit den Gläsern fallen.

die Tablette (lat. ▷ franz.)
Medikament, z. B. in Form eines kleinen, flachen Scheibchens

tabu (polynes. ▷ engl. ▷ franz.)
unantastbar, verboten
Mein Tagebuch ist für andere tabu.

der Tacho (griech. ▷ engl.)
Kurzwort für: Tachometer; Geschwindigkeitsmesser

der Tacker (engl.)
Gerät, mit dem etwas geheftet werden kann

das Tai-Chi (chin.) !
Abfolge von Übungen mit langsamen, fließenden Bewegungen zur Entspannung und Meditation
In China ist Tai-Chi ein Volkssport.

der Taifun (chin. ▷ engl.)
tropischer Wirbelwind

die Taille (franz.) !
schmale Stelle zwischen Brustkorb und Hüfte, Gürtellinie
Der Gürtel betont die Taille.

das/der Take-away,
auch: **Takeaway** (engl.) !
Laden, der Snacks und Getränke zum Mitnehmen verkauft
Heute muss es schnell gehen: Mittagessen vom Take-away.

der Takt (lat. ▷ franz.)
* Einteilung eines musikalischen und rhythmischen Ablaufs in gleiche Einheiten
im Dreivierteltakt tanzen
* kleinste Einheit im Aufbau eines Musikstückes
Gleich im ersten Takt machte ich einen Fehler.
* gleichmäßiger Rhythmus, in dem etwas abläuft
Die U-Bahn fährt im 5-Minuten-Takt
* Feingefühl, Gefühl für Höflichkeit
viel Takt und Verständnis zeigen

die Taktik (griech. ▷ franz.)
planvolles, genau überlegtes Vorgehen
die Taktik ändern

taktil (lat.)
das Tasten, die Berührung betreffend
Blinde und sehbehinderte Menschen entwickeln besondere taktile Fähigkeiten, um sich zurechtzufinden.

taktisch (griech. ▷ franz.)
überlegt, berechnend
taktisch klug verhandeln

das Talent (griech. ▷ lat.)
* besondere Begabung
Kevin hat sein Talent fürs Schauspielern entdeckt.
* Person, die eine besondere Begabung hat
Der Freundeskreis des Museums fördert junge Talente.

der Talisman (griech. ▷ arab. ▷ ital.)
Glücksbringer, Maskottchen
Lukas bastelte seiner Mutter einen Talisman fürs Auto.

die Talkshow (engl.) (!)
Gesprächsrunde im Fernsehen vor einem Publikum
in einer Talkshow zu Gast sein

der Tampon (franz.) (!)
Watte-, Mullbausch zum Aufsaugen von Flüssigkeit
Manche Frauen benutzen während ihrer Menstruation Tampons.

das Tamtam (Hindi ▷ franz.)
* asiatisches und afrikanisches Schlaginstrument
das Tamtam schlagen
* Trubel, mit dem auf etwas aufmerksam gemacht werden soll
viel Tamtam machen

das Tandem (lat. ▷ engl.)
* Fahrrad für zwei Personen
Ich sitze auf dem Tandem lieber vorn und lasse mich fahren.
* zwei Personen, die häufig zusammen auftreten oder eng zusammenarbeiten
Leon und Akim tauchen immer als Tandem auf.

die Tangente (lat.)
* Verkehrsstraße, die am Rande eines Ortes vorbeiführt, Umgehungsstraße
Die Tangente im Süden entlastet das Zentrum vom Lkw-Verkehr.
* eine Gerade, die eine gekrümmte Linie, z. B. einen Kreis, an einem Punkt berührt
eine Tangente ziehen

tanken (engl.)
auffüllen, nachfüllen
Benzin tanken, frische Luft tanken

der Tapeverband (engl.; dt.) (!)
Verband aus klebenden Binden oder Pflastern

der Tarif (arab. ▷ ital. ▷ franz.)
festgesetzte oder ausgehandelte Preise und Löhne oder Gehälter
Der Handybetreiber bietet einen besonderen Tarif für Jugendliche an.

die Tastatur (lat. ▷ ital.)
in einer bestimmten Weise angeordnete Tasten, z. B. eines Laptops oder Telefons

tätowieren (tahit. ▷ engl. ▷ franz.)
Muster oder Zeichnung mit Farbstoffen in die Haut einritzen

das Tattoo (engl.) (!)
Muster oder Zeichnung auf der Haut, Tätowierung

das Taxi (franz.)
Kurzwort für: Taxameter; Auto, in dem man sich gegen Bezahlung befördern lassen kann
ein Taxi rufen, nehmen

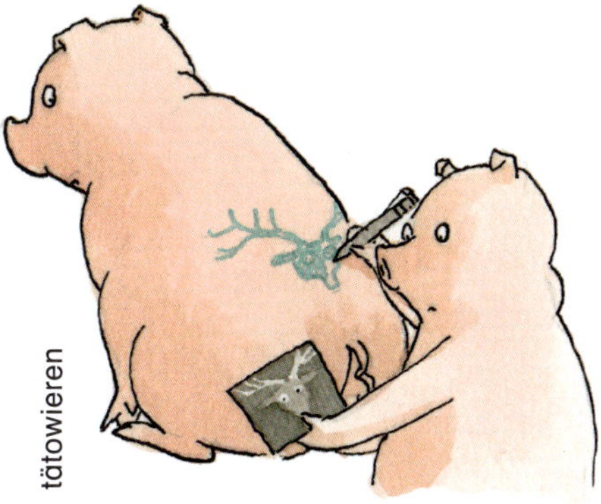

tätowieren

taxieren (lat. ▷ franz.)
den Wert von etwas feststellen oder einschätzen
Experten taxieren den Brandschaden auf 120 000 Euro.

das Team (engl.)
* Gruppe von Personen, die gemeinsam an etwas arbeiten
Ein Team von Ärzten operierte den Säugling.
* Sportmannschaft
Das türkische Team holte den Pokal.

das Teamwork (engl.)
Zusammenarbeit mehrerer Personen
Dieses Buch entstand in Teamwork.

die Technik (griech. ▷ lat.)
* Einsatz von Maschinen, Werkzeugen und anderen Hilfsmitteln, die uns die Arbeit erleichtern
Mithilfe allerneuester Technik spürten sie drei Verschüttete auf.
* Art und Weise, etwas zu tun
Ich probiere heute mal eine ganz neue Maltechnik aus.

das/der Techno (engl.)
elektronisch erzeugte Musik mit besonders hartem Rhythmus

der Teenager (engl.)
Kurzwort: Teen; jugendliche Person zwischen 13 und 19 Jahren
kreischende Teenager

tele..., Tele... (griech.)
fern, weit
telefonisch, Teleobjektiv, Teleskop

das Telefon (griech.)
Fernsprechgerät

telefonisch (griech.)
per Telefon
telefonisch Auskunft geben

das Teleobjektiv (griech.; lat.)
Gerät, das man auf eine Kamera schraubt, um entfernte Gegenstände zu vergrößern und „heranzuholen“

das Teleskop (griech. ▷ lat.)
starkes Fernrohr, mit dem man ein Bild von sehr weit entfernten Gegenständen erhält
Ein Weltraumteleskop soll Aufnahmen vom Weltall machen.

der Tempel (lat.)
Gotteshaus, z. B. bei den Römern, Griechen, im Buddhismus oder im Hinduismus

das Temperament (lat.)
* Wesensart, Charakter eines Menschen, auch eines Tieres
ein ausgleichendes oder ein aufbrausendes Temperament haben
* Schwung, Lebhaftigkeit, Begeisterung
Manchmal geht sein Temperament mit ihm durch.

die Temperatur (lat.)
Wärme der Luft oder eines Körpers
die Temperatur messen

das Tempo (lat. ▷ ital.)
Geschwindigkeit, Schnelligkeit
Schau mal, wie der rast! Der hat aber ein Tempo drauf!

die Tendenz (lat. ▷ engl. ▷ franz.)
* Hang, Neigung
Rudi hat die Tendenz, immer zu spät zu kommen.
* Richtung einer Entwicklung
Arbeitslosenzahlen: Tendenz fallend!

tendieren (lat. ▷ engl. ▷ franz.)
zu etwas neigen, auf etwas gerichtet sein
Wir wollen zelten, meine Mutter tendiert zum Hotel.

der Termin (lat.)
festgesetzter Zeitpunkt
Sie musste kurzfristig den Zahnarzttermin absagen.

der/das Terminal (engl.) (!)
Abfertigungshalle für Fluggäste
Im Terminal A hat sich eine lange Warteschlange gebildet.

das Terrain (franz.) (!)
Gebiet, Gelände
Vorsichtig erkunden die Zootiere ihr neues Terrain.

das Terrarium (lat.)
Gebäude im Zoo oder Glasbehälter, in dem Kriech- oder kleine Säugetiere gehalten werden
Für seine Stabheuschrecken richtete Paul ein Terrarium ein.

die Terrasse (lat. ▷ franz.)
abgegrenzter Platz vor oder auf einem Gebäude
Dachterrasse

das Territorium (lat. ▷ franz.)
* Gebiet, Land
ein fremdes Territorium erforschen
* Hoheitsgebiet eines Staates
fremdes Territorium verletzen

der Terror (lat. ▷ franz.)
gewalttätiges, rücksichtsloses Vorgehen, um bestimmte Ziele durchzusetzen
Bombenterror, Terroranschlag

terrorisieren (lat. ▷ franz.)
bedrohen, einschüchtern, unterdrücken
Manchen Jugendlichen macht es Spaß, andere zu terrorisieren.

der Terrorismus (lat. ▷ franz.)
Ausübung von Terror
Die Bekämpfung des Terrorismus verlangt internationale Zusammenarbeit.

der Test (lat. ▷ franz. ▷ engl.)
Versuch, in dem Leistungen oder Eigenschaften von etwas oder jemand festgestellt werden; Prüfung

das Testament (lat.)
letzter Wille, Vermächtnis
ein Testament eröffnen

der Text (lat.)
schriftlich festgehaltene Folge von Aussagen
einen Text verstehen, einen Text schreiben

das Theater (griech. ▷ lat. ▷ franz.)
* Gebäude, in dem z. B. Schauspiele und Opern aufgeführt werden
ins Theater gehen
* Unruhe, Aufregung, Getue
Mach doch nicht so ein Theater!

die Theke (griech. ▷ lat.)
hoher, nach einer Seite abgeschlossener Tisch, z. B. in einem Bistro

das Thema (griech. ▷ lat.)
Frage, Sache, Angelegenheit
Hausaufgaben sind das Thema im nächsten Klassenrat.

theoretisch (griech. ▷ lat.)
gedacht, nicht wirklich, abstrakt
Rein theoretisch müsste das jetzt funktionieren. Aber praktisch?

die Therapie (griech.)
Heilbehandlung
Es geht ihm besser, er scheint auf die Therapie anzusprechen.

die Therme (griech. ▷ lat.)
Badeanlage mit warmen Quellen
Das Wasser im Außenbecken der Therme dampft.

thermo..., Thermo... (griech.)
warm, heiß
Thermometer, Thermosflasche, Thermostat

das Thermometer (griech.)
Temperaturmessgerät
Fieberthermometer

die Thermosflasche (griech.; dt.)
Gefäß zum Warm- oder Kalthalten von Getränken

der/das Thermostat (griech.)
automatischer Temperaturregler
Damit es gleichbleibend warm ist, stelle ich den Thermostat auf 20 Grad.

der Thriller (engl. ▷ amerik.) !
aufregender, spannender Film, Roman
Dieser Thriller! Nervenkitzel pur!

der Tourist

der Tick (franz.)
* wunderliche Eigenart, Fimmel
einen Tick haben
* Kleinigkeit, Nuance
Beim Färben sind Phils Strähnen einen Tick zu blond geworden.

das Ticket (franz. ▷ engl.)
Eintrittskarte
das Busticket unaufgefordert vorzeigen

das Timing (engl.)
zeitliche Abstimmung
Wir wurden rechtzeitig mit dem Stück fertig: ein perfektes Timing!

das Tipi (indian.)
kegelförmiges Zelt der Prärieindianer

der Tipp (engl.)
nützlicher Hinweis, guter Rat
einen Tipp geben

der Titel (lat.)
* Name, z. B. eines Buches, eines Kunstwerkes, einer CD
Der Titel des Buches interessiert mich.
* Bezeichnung eines erreichten Ranges bei einem Wettkampf
Weltmeistertitel

der Toaster (engl.)
Gerät zum Rösten von Brot

to go (engl.)
zum Mitnehmen
Kurz vor der Zugfahrt kaufte sie sich einen Kaffee to go.

das Tohuwabohu (hebr.)
Wirrwarr, Durcheinander
In seinem Zimmer herrscht ein totales Tohuwabohu.

die Toilette (franz.)
WC, Klo
Damen- und Herrentoilette

tolerant (lat. ▷ franz.)
eine andere Meinung, Einstellung, Verhaltensweise gelten lassend
Ich habe ziemlich tolerante Eltern, auch wenn sie mir nicht alles erlauben.

tolerieren (lat.)
dulden, gelten lassen, akzeptieren
Die beiden sind verschieden, aber sie tolerieren sich.

die Tombola (ital.)
Verlosung bei einem Fest
Für die Tombola haben wir viele Preise gesammelt.

top..., Top... (engl.)
höchst, best..., spitzen...
topfit, Topmanagerin, topsecret

topfit (engl.)
gut in Form, in bester körperlicher Verfassung
sich topfit fühlen

toppen (engl.)
überbieten, noch eins draufsetzen
Papa, deine Pizza ist nicht zu toppen.

die Topmanagerin (engl.) !
Führungskraft an der Spitze eines Unternehmens
Ich möchte einmal eine Topmanagerin werden.

topsecret (engl.) !
streng geheim
Das, was ich dir jetzt erzähle, ist topsecret.

der Tornado (lat. ▷ span.)
heftiger Wirbelsturm in Nordamerika

die Tortur (lat.)
Quälerei, Strapaze
Die Wanderung durch die glühende Hitze war eine Tortur.

total (lat. ▷ franz.)
völlig, ganz, durch und durch
total fertig

der Touch (engl.) !
Hauch, Nuance, Schimmer
Das Glanzpapier gibt meinem Geschenk einen edlen Touch.

der Touchscreen (engl.) !
Tastbildschirm, den man berühren muss, um den Programmablauf zu steuern, z. B. bei einem Handy, Computer, Fahrkartenautomaten

tough (engl.) !, auch: **taff**
robust, zäh, durchsetzungsfähig
ein toughes Mädchen

die Tour (franz.) !
* Fahrt, Ausflug, Wanderung
Fahrradtour, Klettertour
* Art und Weise, mit Tricks etwas zu erreichen
Das ist ja eine ganz fiese Tour!
* im Plural: Touren; Umdrehung
Die Waschmaschine schleudert mit bis zu 1400 Touren.

der Tourist (franz.) !
Urlaubsreisender

die Tournee (franz.) !
Rundreise von Künstlern mit vielen Auftritten
eine Tournee durch Europa machen

der Track (engl.) !
Musikstück, Nummer, z. B. auf einer CD
Ich höre immer wieder Track 14, weil er mir am besten gefällt!

die Tradition (lat.)
* Weitergabe von Generation zu Generation, Brauch
Die Schultüte zum Schulanfang hat eine lange Tradition.
* etwas, das regelmäßig stattfindet, Gewohnheit
Unser Sonntagsessen wurde allmählich eine Familientradition.

traditionell (lat. ▷ franz.)
herkömmlich, üblich
das traditionelle Schützenfest

tragisch (griech. ▷ lat.)
erschütternd, ergreifend
ein tragisches Schicksal

die Tragödie (griech. ▷ lat.)
* erschütterndes Ereignis, schrecklicher Vorfall
In diesem Haus hat sich eine furchtbare Tragödie abgespielt.
* dramatisches Theaterstück, Trauerspiel
Im letzten Akt der Tragödie waren alle tot.

der Trailer (engl.) !
kurzer, aus einigen Szenen eines Filmes zusammengestellter Vorfilm
Ich habe mir den Trailer zu dem Film im Internet angeschaut.

trainieren (engl.) !
planmäßig üben, einüben
Wir trainieren täglich für die Schulmeisterschaften.

das Training (engl.) !
planmäßige Durchführung eines Programms von Übungen
Am Methodentraining an unserer Schule haben viele teilgenommen.

der Traktor (lat. ▷ engl.)
landwirtschaftliche Zugmaschine

trampen (engl.) !
per Anhalter fahren, sich unentgeltlich in einem Auto mitnehmen lassen
zu zweit durch Europa trampen

trans..., Trans... (lat.)
durch, über, hinüber
Transfusion, transparent, transportieren

der Transfer (lat.; engl.)
* Weitertransport im Reiseverkehr
Für den Transfer vom Hotel zum Bahnhof wurde ein Bus eingesetzt.
* Wechsel eines Berufsspielers in einen anderen Verein
Das war der teuerste Transfer der Bundesliga.

die Transfusion (lat.)
Übertragung von Blut oder anderen Flüssigkeiten
Bei der Operation wurde eine Bluttransfusion vorgenommen.

der Transit (lat. ▷ ital.)
Durchreise durch ein Land
Der Transitverkehr nimmt zu.

transparent (lat. ▷ franz.)
* durchscheinend, Licht durchlassend
transparente Vorhänge
* verstehbar, deutlich, nachvollziehbar
Unsere Lehrerin macht die Noten, die sie gibt, immer transparent.

das Transparent (lat. ▷ franz.)
Spruchband, das z. B. bei Demonstrationen mitgetragen wird

transportieren (lat. ▷ franz.)
an einen anderen Ort bringen, befördern
per Schiff transportieren

das Trapez (griech. ▷ lat.)
hoch aufgehängte Schaukel für Artisten
Kunststücke am Trapez vorführen

das Trauma (griech.)
seelische Erschütterung, die lange nachwirkt
Der Busunfall, der schon lange zurückliegt, hinterließ beim Fahrer ein Trauma.

der Trend (engl.)
erkennbare Richtung einer Entwicklung, Tendenz
Energiesparen liegt voll im Trend.

trendy (engl.)
modisch
Immer trendy, mein Bruder!

der Tresor (griech. ▷ lat. ▷ franz.)
gegen Diebstahl und Feuer gesichertes Fach oder gesicherter Raum, z. B. bei der Bank
Wertsachen in einem Tresor aufbewahren

die Tribüne (lat. ▷ ital. ▷ franz.)
Gerüst oder Anlage mit ansteigenden Sitzreihen für Zuschauer, Zuhörer

der Trick (franz. ▷ engl.)
* Kunstgriff, z. B. eines Zauberers
Zaubertricks vorführen
* List, Schwindel, Betrug
Auf diesen üblen Trick falle ich nicht herein!
* einfache Methode zur Lösung eines Problems
Dafür gibt es einen ganz simplen Trick.

tricky (engl.)
trickreich, knifflig
Dieses Spiel ist ganz schön tricky.

trist (lat. ▷ franz.)
trostlos, unfreundlich, eintönig
Dieses triste Novemberwetter!

der Triumph (lat.)
mit großer Freude erlebter Erfolg, Sieg
Ihren größten Triumph feierte die Sängerin beim „Eurovision Song Contest".

trivial (lat. ▷ franz.)
unbedeutend, nichtssagend, einfach
Andere finden die Vorabendserie trivial, aber ich sehe sie gerne.

trist

a b c d e f g h i j k l m n o p q r s t u v w x y z

die Trophäe (griech. ▷ lat. ▷ franz.)
Preis, z. B. Pokal für den Sieger eines Wettkampfes
Die begehrte Trophäe wurde dem Kapitän der Mannschaft überreicht.

tropisch (griech. ▷ engl.)
feuchtwarm, heiß
Im Gewächshaus herrschen tropische Temperaturen.

der Trouble (engl.) !
Ärger, Aufregung
Immer wenn ich zu spät nach Hause komme, gibt es Trouble.

der Tsunami (jap.)
durch Seebeben ausgelöste Meereswelle mit verheerender Wirkung an den Küsten
eine Tsunamifrühwarnung

der Tumor (lat.)
Geschwulst
Gehirntumor

der Tumult (lat.)
Aufruhr, Krawall, aufgeregtes Durcheinander
Der Auftritt der Nationalmannschaft sorgte für allgemeinen Tumult.

der Tunnel (lat. ▷ franz. ▷ engl.)
unterirdisches Bauwerk, das durch einen Berg oder unter einem Gewässer hindurchführt
Elbtunnel

die Turbine (lat. ▷ franz.)
Antriebsmaschine, z. B. von Flugzeugen, oder Maschine, die angetrieben wird
Turbine eines Wasserkraftwerks

turbulent (lat.)
stürmisch, ungestüm, ungeordnet
In unserer Klasse geht es manchmal ziemlich turbulent zu.

das Turnier (lat. ▷ franz.)
* sportliche Veranstaltung, die sich über einen längeren Zeitraum erstreckt
Tanzturnier
* festliche Veranstaltung im Mittelalter, bei der Ritterkampfspiele durchgeführt wurden
Ritterturnier

typisch (griech. ▷ lat.)
unverkennbar, unverwechselbar
Typisch Mama! Sie kommt schon wieder zu spät.

tyrannisieren (griech. ▷ lat. ▷ franz.)
anderen seinen Willen aufzwingen, andere schikanieren
Unser kleiner Hund tyrannisiert die ganze Familie.

U

überdimensional (dt.; lat.)
übermäßig groß, riesig
eine überdimensionale Hochzeitstorte

das Ufo, auch: **UFO** (engl.)
Kurzwort für: „unidentified flying object“; unbekanntes Flugobjekt
Unser Fußballstadion sieht von Weitem aus wie ein Ufo.

das Ultimatum (lat.)
Forderung, die innerhalb einer bestimmten Frist erfüllt werden muss
Die Entführer stellten ein Ultimatum.

der Underdog (engl.)
Person, die in der Gesellschaft wenig Anerkennung findet, nicht geschätzt wird
Aschenputtel wird sich wie ein Underdog gefühlt haben.

die Uniform (lat. ▷ franz.)
einheitliche Kleidung, die z. B. bei Militär und Polizei getragen wird
Immer wieder gibt es Diskussionen über die Einführung von Schuluniformen.

das Unikum (lat.)
origineller Mensch, Original
Tolle Einfälle hat sie – sie ist ein richtiges Unikum!

die Union (lat.)
Bund, Vereinigung, Verbindung, z. B. von Staaten
Europäische Union

unisono (lat. ▷ ital.)
übereinstimmend, einstimmig
Mama und Papa unisono: „Computer aus!"

die Universität (lat.)
Kurzwort: Uni; Hochschule für wissenschaftliche Ausbildung und Forschung

das Universum (lat.)
Weltall, All
das weite unendliche Universum erforschen

das Update (engl.)
aktualisierte Version einer Software zum Herunterladen
regelmäßig ein Update durchführen

up to date (engl.)
auf dem neuesten Stand, zeitgemäß
In allen technischen Dingen ist meine Schwester up to date.

urban (lat.)
städtisch
Dörfer wurden allmählich zu urbanen Siedlungen.

der User (engl.)
jeder, der mit einem Computer arbeitet, chattet, surft; Nutzer

das Utensil (lat.)
meist im Plural: Utensilien; Gegenstand, den man zu einem bestimmten Zweck braucht
ein Mäppchen voller Utensilien

utopisch (griech. ▷ engl. ▷ franz.)
nur in der Fantasie möglich, an unerreichbaren Zielen orientiert
völlig utopische Vorstellungen haben

V

vage (lat. ▷ franz.)
ungenau, unsicher, unbestimmt
vage Andeutungen machen

die Vagina (lat.)
Scheide

vakant (lat.)
frei, unbesetzt, offen
Es gibt noch einige vakante Lehrstellen.

das Vakuum (lat.)
luftleerer Raum
In einem Behälter mit einem Vakuum bleiben Lebensmittel länger frisch.

der Vandalismus (germ. ▷ franz.)
Zerstörungswut
Immer wieder entstehen große Schäden durch Vandalismus.

variabel (lat. ▷ franz.)
veränderbar, nicht auf eine Möglichkeit beschränkt
Mit einer Trennwand können wir unser Klassenzimmer variabel gestalten.

die Variante (lat. ▷ franz.)
leicht veränderte Form von etwas
Ich habe mich für die preiswertere Variante des Handys entschieden.

variieren (lat. ▷ franz.)
* voneinander abweichen, unterschiedlich sein
Die Benzinpreise variieren je nach Tankstelle.
* verändern, leicht abwandeln
Er variiert die Dekoration der Kekse.

die Veganerin (engl.)
Person, die auf sämtliche Produkte tierischer Herkunft verzichtet

der Vegetarier (lat. ▷ engl.)
jemand, der kein Fleisch und keinen Fisch isst

die Vegetation (lat.)
Pflanzenbestand eines bestimmten Gebietes, Pflanzenwuchs
Beim Aufstieg veränderte sich mit den Höhenmetern auch die Vegetation.

vehement (lat. ▷ franz.)
heftig, ungestüm, leidenschaftlich
sich vehement gegen Vorwürfe wehren

variieren

das Vehikel (lat.)
altes, klappriges Fahrzeug

das Ventil (lat.)
Verschlussvorrichtung, mit der das Austreten von flüssigen oder gasförmigen Stoffen gesteuert werden kann
Fahrradventil, Entlüftungsventil

der Ventilator (lat. ▷ engl.)
Gerät mit einem Flügelrad zum Bewegen und Absaugen der Luft

das Verb (lat.)
Tuwort, Zeitwort, Tätigkeitswort

verbal (lat.)
mit Worten, mündlich
sich nicht mit den Fäusten verteidigen, sondern verbal

der Vers (lat.)
* Zeile eines Gedichts
Die Verse reimen sich.
* Strophe eines Gedichts
Ich kann nur die ersten beiden Verse auswendig.

versiert (lat. ▷ franz.)
gewandt, geschickt, erfahren
Da sie technisch versiert ist, baut Anna den Kran für ihren Bruder.

die Version (lat. ▷ franz.)
* eine von mehreren Möglichkeiten, etwas darzustellen
Vom Streit auf dem Schulhof werden verschiedene Versionen erzählt.
* Ausführung, die vom ursprünglichen Modell etwas abweicht
die neue Version eines Handys

der Veterinär (lat. ▷ franz.)
Tierarzt

vertikal (lat.)
senkrecht
eine vertikale Linie ziehen

das Veto (lat. ▷ franz.)
Einspruch, durch den etwas verhindert oder verzögert wird, z. B. in der Politik
ein Veto gegen eine Entscheidung einlegen

vibrieren (lat.)
in leise schwingender Bewegung sein, beben
Mein Handy vibrierte so, dass es von der Tischkante fiel.

video..., Video... (lat.)
Fernseh..., Film...
Video, Videotext, Videothek

das Video (lat. ▷ engl.)
Kurzwort für: Videofilm, Videoclip, Videoband; mit einer Kamera aufgenommener Film

der Videotext (lat. ▷ engl.; lat.)
aktuelle Meldungen, die auf Abruf auf dem Fernsehbildschirm angezeigt werden
Joachim liest im Videotext die Ergebnisse der Bundesliga.

die Videothek
(lat. ▷ engl.; griech.)
Geschäft, das Videos, Videospiele, DVDs verleiht

die Vignette (franz.)
* Bilderschmuck, Randverzierung
Ich verziere meinen Text, wie in alten Büchern, mit Vignetten.
* Gebührenmarke, z. B. für die Autobahnbenutzung
An der Grenze zur Schweiz kauften wir eine Vignette.

die Villa (lat.)
vornehmes, großes Haus

virtuell (lat. ▷ franz.)
nicht echt, nicht in der Wirklichkeit vorhanden
im virtuellen Klassenzimmer lernen

virtuos (lat. ▷ ital.)
meisterhaft, technisch vollendet
Sie spielt virtuos Trompete.

das/der Virus (lat.)
* Krankheitserreger
Grippevirus
* heimlich eingeschleustes Computerprogramm, das Daten auf einem Rechner verändert oder zerstört
Computervirus

vis-à-vis, auch: **vis-a-vis** (franz.)
gegenüber
Sie saßen im Abteil vis-à-vis.

die Vision (lat.)
Zukunftstraum, Vorstellung
die Vision einer friedlichen Welt

die Visite (lat. ▷ franz.)
regelmäßiger Besuch des Arztes bei einem Kranken auf einer Krankenhausstation
die tägliche Visite vornehmen

visualisieren (lat. ▷ engl.)
optisch ansprechend darstellen
Für unsere Präsentationen lernen wir, wie man etwas visualisiert.

visuell (lat. ▷ franz.)
auf das Sehen bezogen
Ein visueller Typ behält Gesehenes besser als Gehörtes.

das Visum (lat.)
Vermerk im Pass, der einen Grenzübertritt genehmigt
Einreisevisum, Ausreisevisum, Durchreisevisum

vital (lat. ▷ franz.)
voller Lebens- und Leistungskraft
Für ihr Alter ist unsere Katze noch außerordentlich vital.

das Vitamin (lat. ▷ engl.)
für den Körper wichtiger Stoff, der durch die Nahrung zugeführt werden muss
Zitronen enthalten viel Vitamin C.

die Vitrine (lat. ▷ franz.)
Schaukasten, Glasschrank
In den Vitrinen des Museums liegen kostbare Funde.

der Vize (lat.)
* Stellvertreter
Der Vizekanzler vertritt die Kanzlerin.
* Person oder Mannschaft, die den zweiten Platz belegt
Vizeweltmeister

die Vokabel (lat.)
einzelnes Wort einer anderen fremden Sprache
englische Vokabeln lernen

der Vokal (lat.)
Selbstlaut

die Voliere (franz.)
großer Vogelkäfig
In einer Voliere haben Vögel Platz zum Fliegen.

voltigieren (franz.)
am trabenden Pferd turnen

das Volumen (lat. ▷ franz.)
Rauminhalt, Fassungsvermögen
Das Fass hat ein Volumen von ungefähr 300 Litern.

voluminös (lat. ▷ franz.)
umfangreich, gewaltig
ein voluminöses Buch

das Votum (lat.)
Meinungsäußerung, Stimme bei der Wahl
Die Wähler geben ihr Votum ab.

das/der Voucher (engl.)
Gutschein für im Voraus bezahlte Leistungen
Hotelvoucher

vulgär (lat. ▷ franz.)
gewöhnlich, abstoßend, derb
vulgäre Ausdrücke

der Vulkan (lat.)
Berg, aus dessen Innerem z. B. Lava strömt
ein noch tätiger Vulkan

W

der Waggon, auch: **Wagon** (engl.; franz.)
Wagen bei Eisenbahn und Straßenbahn

walken (engl.)
schnell und sportlich gehen
Am Wochenende walken meine Eltern, wir rennen voraus.

das Walkie-Talkie (engl.)
tragbares Funksprechgerät
Der Polizist verständigte sich mit den Ordnern über Walkie-Talkie.

der Wandalismus
→ Vandalismus

das Warm-up (engl.)
Aufwärmübungen vor dem Wettkampf, Einstimmung des Publikums vor einer Veranstaltung
Nach dem Warm-up kann es losgehen.

waterproof (engl.)
wasserdicht
Mit Uhren, die die Aufschrift „waterproof" tragen, kann man sogar tauchen.

das Web (engl.)
Kurzwort für: „world wide web"; weltweites Informationsnetz im Internet
Im Web werden unbegrenzt Informationen gesammelt, die in rasender Geschwindigkeit von einem Ende der Welt zum anderen transportiert werden.

die Webcam (engl.)
Videokamera, mit der man Aufnahmen direkt ins Internet einspeist

die Website (engl.)
eine oder mehrere Internetseiten, auf der sich z. B. eine Schule oder eine Person vorstellt; Homepage
Die Website unserer Schule wird ständig aktualisiert.

die Wellness (engl.)
Wohlbefinden, das durch körperliche Bewegung, bewusste Ernährung und Anwendungen, wie z. B. Massage, erreicht wird
Wellnesshotel

das Whiteboard (engl.)
weiße Tafel, Schultafel, die nicht mit Kreide, sondern mit speziellen Stiften beschrieben wird
In manchen Klassenzimmern gibt es schon Whiteboards, die an einen Computer angeschlossen werden können.

das Wigwam (indian. ▷ engl.)
kugelförmiges Zelt, zeltartige Hütte nordamerikanischer Indianer

der Workaholic (engl.)
jemand, der unter dem Zwang steht, ununterbrochen zu arbeiten

der Workshop (engl.)
Kurs, in dem eine Arbeitsgruppe an einem Thema arbeitet
Die Ergebnisse aus dem Workshop werden im Plenum vorgestellt.

das World Wide Web (engl.)
Abkürzung: www; weltweites Informationsnetz im Internet

wow! (engl.)
wunderbar! super!
Ausruf der Bewunderung oder Überraschung

X

Y

die Yellow Press (engl.)
Zeitschriften, die hauptsächlich über Prominente berichten und Tratsch verbreiten

das/der Yoga,
auch: **Joga** (sanskr.)
körperliche Übungen, die der Beherrschung des Körpers, der Konzentration und der Entspannung dienen
sich zum Yoga anmelden

der Youngster (engl.)
Jugendlicher, jugendlicher Sportler

der Yuppie (engl.)
Kurzwort für: „young urban professional“; junger, modern gekleideter Stadtmensch, der vor allem seine Karriere im Kopf hat

Z

zappen (engl.)
rasch zwischen den Fernsehsendungen hin- und her wechseln, switchen

der Zenit (arab. ▷ ital.)
* höchster Punkt des Himmelsgewölbes, Scheitelpunkt
Die Sonne steht im Zenit.
* Höhepunkt, Gipfel einer Leistung
Der Sportler hat den Zenit seiner Karriere erreicht.

zensieren (lat.)
* Leistung mit einer Note bewerten
Meine Lehrerin zensiert gerecht.
* Veröffentlichungen auf verbotene oder unerwünschte Inhalte hin überprüfen
In manchen Ländern werden das Internet und die Presse zensiert.

der Zentimeter (franz.)
Zeichen: cm; Längenmaß, 1 m = 100 cm

zentral (griech. ▷ lat.)
* nach allen Seiten hin günstig gelegen, in der Mitte von etwas gelegen
Das Geschäft liegt sehr zentral.
* sehr wichtig, wesentlich
Der Umweltschutz ist für unsere Zukunft von zentraler Bedeutung.
* von einer übergeordneten Stelle ausgehend
zentrale Klassenarbeiten, das Zentralabitur

das Zentrum (griech. ▷ lat.)
* Mittelpunkt, Mitte
Die Küste liegt genau im Zentrum des Wirbelsturms.
* Innenstadt
Stadtzentrum

die Zeremonie (lat. ▷ franz.)
feierliche Handlung, die nach einer bestimmten Form abläuft
Der Bundespräsident wird nach seiner Amtszeit in einer stimmungsvollen Zeremonie verabschiedet.

das Zertifikat (lat.)
Bescheinigung, z. B. für die Teilnahme an einem Fortbildungskurs

der Zins (lat.)
meist im Plural: Zinsen; Geld, das jemand von der Bank für seine Ersparnisse erhält oder für geliehenes Geld bezahlen muss

zirka → circa

der Zirkel (griech. ▷ lat.)
Gerät zum Zeichnen eines Kreises

das Zirkeltraining (griech. ▷ lat.; engl.)
Kreistraining im Sport, bei dem an verschiedenen Stationen nacheinander Übungen gemacht werden
Im Sportunterricht dürfen wir uns selbst Stationen für ein Zirkeltraining ausdenken.

zirkulieren (griech. ▷ lat.)
* in einer bestimmten Bahn kreisen
die Luft zirkuliert, das Blut zirkuliert
* im Umlauf sein
Seit Kurzem zirkuliert Falschgeld in der Stadt.

der Zirkus, auch: **Circus** (griech. ▷ lat. ▷ engl. ▷ franz.)
* Unternehmen, das Vorführungen mit Tieren, Artisten, Clowns in einem Zelt zeigt
Wanderzirkus
* unnötiger Trubel, Getue
Mach bloß keinen Zirkus!

das Zitat (lat.)
* wörtlich wiedergegebene Textstelle
Die Zitate in meinem Text stehen alle in Anführungszeichen.
* bekannter Ausspruch
ein Zitat von Goethe

zitieren (lat.)
* eine Stelle aus einem geschriebenen oder gesprochenen Text wörtlich wiedergeben
Bei meiner Präsentation zitierte ich eine Stelle aus meinem Tierlexikon.
* jemanden auffordern irgendwohin zu kommen, um ihn zurechtzuweisen
Die Schulleiterin zitierte die Jungen und Mädchen, die die Toilette unter Wasser gesetzt hatten, zu sich ins Zimmer.

zivil (lat. ▷ franz.)
* annehmbar, nicht übertrieben
zivile Preise
* ohne Uniform
ein Polizist in Zivil

die Zivilcourage (franz.) (!)
mutiges Verhalten, Furchtlosigkeit
Kim zeigte Zivilcourage, als sie sich für den Außenseiter in der Klasse einsetzte.

zivilisiert (lat. ▷ franz.)
anständig, gebildet, wohlerzogen
sich zivilisiert benehmen

der Zivilist (lat.)
Bürger im Gegensatz zu Soldaten
Bei den Angriffen kamen auch Zivilisten ums Leben.

der Zoff (hebr. ▷ jidd.)
Streit, Zank
Zoff mit seinen Freunden haben

der Zombie (afrik. ▷ kreol. ▷ engl.)
* Motiv aus einem Horrorfilm, ein zum Leben erweckter Toter, der zum willenlosen Werkzeug wird
wie ein Zombie herumlaufen
* Computer, der von einem Hacker geknackt wurde
Mein Computer ist ein Zombie geworden und kauft im Internet ein, ohne dass ich es weiß.

die Zone (griech. ▷ lat.)
* abgegrenztes Gebiet, Bezirk
Fußgängerzone
* Gebiet mit bestimmten Merkmalen
Klimazone
* Bereich, der nach Entfernung festgelegt wird
Für die zweite Zone erhöht sich der Fahrpreis.

der Zoo (griech. ▷ franz.)
Kurzwort für: zoologischer Garten; Tierpark
Der Zoo hat verschiedene Aufgaben, z. B. den Arten-, Tier- und Naturschutz.

die Zoologie (griech. ▷ franz.)
Tierkunde

zoomen (engl.)
ein Bild, einen Text in einer Kamera oder auf einem Monitor vergrößern oder verkleinern
Oma zoomte die Website näher heran, um sie besser lesen zu können.

zweidimensional (dt.; lat.)
in zwei Richtungen ausgedehnt: in die Länge und Breite, flächig erscheinend

der Zyklon (griech. ▷ engl.)
tropischer Wirbelsturm

der Zyklus (griech. ▷ lat.)
* Ablauf, der sich regelmäßig wiederholt
der natürliche Zyklus von Ebbe und Flut
* regelmäßiges Auftreten der Monatsblutung bei Frauen
Ein regelmäßiger Zyklus dauert 28 Tage.

der Zylinder (griech. ▷ lat.)
* geometrischer Körper
Mit den geometrischen Körpern Zylinder, Würfel und Kegel bauten wir eine Burg.
* röhrenförmiger Hohlkörper, in dem sich ein Kolben bewegt
Der Motor hat vier Zylinder.
* Kopfbedeckung bei sehr feierlichen Anlässen
Er erschien in Frack und Zylinder.

zynisch (griech. ▷ lat. ▷ franz.)
verletzend, spöttisch, bissig
Seine Bemerkung hatte einen zynischen Unterton.

zoomen

Essen und Trinken

der Döner Kebab,
auch: **Dönerkebap** (türk.)
In Deutschland gibt es mehr als 15 000 Dönerbuden, in denen man das sich am Spieß drehende Grillfleisch mit Fladenbrot und Knoblauchsoße kaufen kann.

die Pommes frites (franz.) !
Einmal Pommes mit Ketchup und Mayo? „Pommes“ ist französisch, „Ketchup“ chinesisch und die „Mayonnaise“ stammt ursprünglich aus Mahón auf der Insel Menorca. Ganz schön international meine Pommes rot-weiß!

das Knäckebrot (schwed.; dt.)
Hast du schon mal neben jemandem gesessen, der Knäckebrot gegessen hat? Dann weißt du, warum es so heißt: „knäcka“ heißt auf Schwedisch „knacken“.

das Popcorn (engl.)
„Knallmais“ im Kino – ein Hochgenuss!

das/der Sandwich (engl.) !
Der Earl of Sandwich wollte beim Essen eine Hand fürs Kartenspiel frei haben und ordnete deshalb an, ihm das Fleisch zwischen zwei Brotscheiben zu reichen.

der Espresso (ital.)
Eigentlich bedeutet „espresso“ ganz einfach „schnell“.
Ein Espresso ist also ein kleiner, starker Kaffee für alle, die es gerade ein bisschen eilig haben.

der Kaffee
(arab. ▷ türk. ▷ ital. ▷ franz.)
An den Herkunftsangaben kannst du erkennen, dass das beliebteste Heißgetränk der Welt einen weiten Weg hinter sich gebracht hat, bis es bei uns angekommen ist.

Kleidung

der Anorak (eskim.)
Die Windjacken der Eskimos mit ihren fellbesetzten Kapuzen wurden mitsamt dem Eskimo-Wort „anorak“ Anfang des 20. Jahrhunderts bei uns eingeführt.

der Schal (pers. ▷ engl.)
Mitte des 17. Jahrhunderts wurden diese langen schmalen Halstücher von Reisenden aus dem Fernen Osten als Souvenir mitgebracht.

der Pullover (engl.)
„Zieh drüber!“ – nichts anderes heißt Pullover ins Deutsche übersetzt.

die Bluse (franz.)
Unsere Urgroßeltern mussten den Namen für dieses Kleidungsstück, das früher nichts anderes als ein Arbeitskittel war, noch „Blouse“ schreiben.

die Leggings (engl.)
Ursprünglich hießen so die Beinkleider der Indianer. Heute bezeichnet der Begriff eng anliegende Hosen bzw. Strumpfhosen ohne Füßlinge. Witzig: Im Englischen bedeutet „leggins“ auch „Strampelhose“!

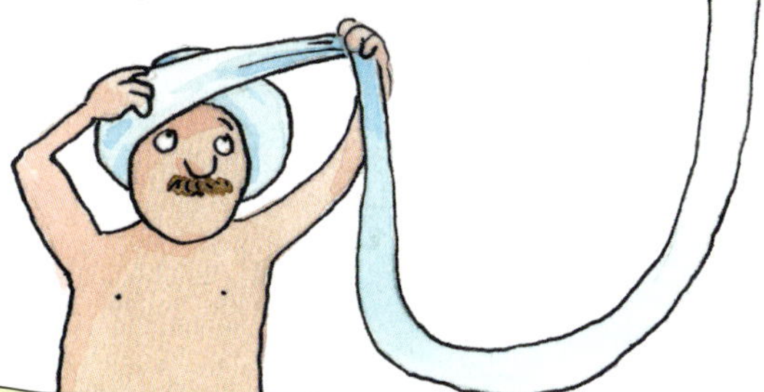

der Turban (pers. ▷ türk.)
Diese Kopfbedeckung von Hindus und Moslems wird aus einem langen Tuch gewickelt. Vielleicht kennst du sie aus Märchen.

das T-Shirt (engl.) !
Ist doch klar: ein Hemd in T-Form!

das Sweatshirt (engl.) !
Wörtlich übersetzt heißt das Sweatshirt „Schwitzhemd“. Und so etwas ziehen wir freiwillig an!

Tiere

der Delfin (griech.)
Das Wort stammt von dem griechischen Wort für Gebärmutter, „delphýs“, und erinnert entweder an deren Form oder an die Tatsache, dass der Delfin kein Fisch, sondern ein Säugetier ist.

der Orang-Utan (malai.)
Wörtlich übersetzt heißt dieses Tier „Wald-“ („utan“) „Mensch“ („orang“). Der Mensch stammt eben doch vom Affen ab.

der Kanarienvogel (span.; dt.)
Die spanischen Seefahrer brachten dieses trillernde gelbe Mitbringsel von den Kanarischen Inseln mit nach Europa.

der Vielfraß (dt.)
Erst waren sie ziemlich ratlos, die deutschen Händler, als sie in Norwegen das Fell eines Tieres in Händen hielten, das sie nicht kannten. Aber dann hatten sie eine gute Idee: Sie nannten das Tier einfach „Vielfraß“, weil das ganz ähnlich klingt wie das norwegische Wort „Fjeldfross“ („Bergkatze“).

das Känguru (austr. ▷ engl.)
In der australischen Eingeborenensprache hießen alle Tiere außer dem Hund („dingo“) „kangaroo“. Für uns heute ist nur noch das Känguru ein Känguru.

der Leopard (griech.)
Die griechischen Wörter „leon“ („Löwe“) und „pardos“ („Panther“) ergeben zusammengesetzt den „Löwenpanther“.

der Schmetterling (tschech.)
Früher glaubte man, dass Hexen als Schmetterlinge herumflögen, um den Rahm („smetana”) von der Milch zu stehlen. Mit diesem Wissen kannst du dir jetzt auch leicht den englischen Namen für Schmetterling, „butterfly” („Butterfliege“), erklären.

Abkürzungen

Hier findest du die Abkürzungen für die vielen Sprachen, aus denen die Stichwörter in deinem Wörterbuch in unsere Sprache übernommen wurden.

(afrik.)	afrikanisch
(ägypt.)	ägyptisch
(amerik.)	amerikanisch
(arab.)	arabisch
(austr.)	australisch
(chin.)	chinesisch
(dt.)	deutsch
(engl.)	englisch
(eskim.)	eskimoisch
(franz.)	französisch
(germ.)	germanisch
(griech.)	griechisch
(hebr.)	hebräisch
(hebr.-jidd.)	hebräisch-jiddisch
(Hindi)	Amtssprache in Indien
(indian.)	indianisch
(ital.)	italienisch
(jap.)	japanisch
(jidd.)	jiddisch
(karib.)	karibisch
(kreol.)	kreolisch
(lat.)	lateinisch
(malai.)	malaiisch
(niederd.)	niederdeutsch
(niederl.)	niederländisch
(norw.)	norwegisch
(pers.)	persisch
(polynes.)	polynesisch
(port.)	portugiesisch
(provenz.)	provenzalisch
(russ.)	russisch
(sanskr.)	sanskritisch
(skand.)	skandinavisch
(span.)	spanisch
(Suah.)	Suaheli
(tahit.)	tahitisch
(tschech.)	tschechisch
(türk.)	türkisch
(ungar.)	ungarisch

Die vier großen Herkunftssprachen

aus dem Amerikanischen/ Englischen

cool
das Ticket
das Cover
der Crash
die Party
das Highlight
das Date
der Tipp
der Job
die Software
das Casting

aus dem Französischen

das Abonnement
die Vignette
drapieren
der Friseur
das Accessoire
die Annonce
der Journalist
die Dompteurin
die Bouillon
die Soße
die Chance
das Büfett

Wenn du in deinem Wörterbuch blätterst, entdeckst du, dass die meisten Fremdwörter aus vier Sprachen kommen: aus dem Griechischen, dem Lateinischen, dem Französischen und dem Englischen.

Griechische und lateinische Ausdrücke gibt es schon früh in der Geschichte unserer Sprache. In der Zeit der Ritter kamen viele Bezeichnungen aus dem Französischen hinzu. Der Einfluss des Französischen auf unsere Sprache wurde noch viel stärker, nachdem Frankreich eine bedeutende Stellung in Europa eingenommen hatte. Allmählich löste das Englische die französische Sprache als wichtigste Sprache ab, vor allem durch die Bedeutung, die Amerika in der Welt erhielt.

aus dem Lateinischen

die Expedition
antiquarisch
multiplizieren
das Motiv
das Experiment
die Operation
aggressiv
die Kapelle

aus dem Griechischen

der Rhythmus
das Theater
das Thermometer
die Katastrophe
die Hieroglyphe
dynamisch
die Fantasie
die Astronomie
der Planet
die Strophe

Einwanderer aus aller Welt

Wenn du genau wissen willst, aus welcher Sprache die Wörter kommen, schlage sie in deinem Wörterbuch nach. Die genaue Lage der Länder und Erdteile findest du in einem Atlas.

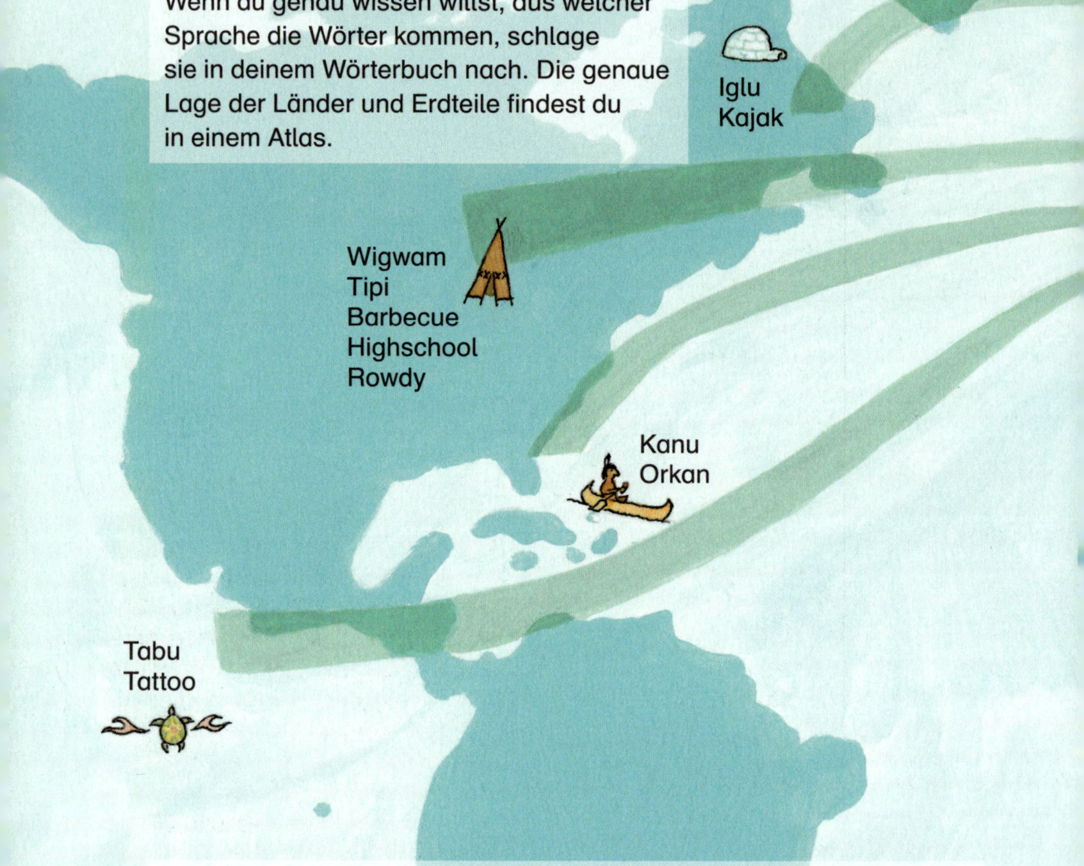

Auch früher schon kamen Menschen weltweit miteinander in Kontakt. Sie führten Kriege und handelten mit Waren. Dabei kamen Dinge und deren Namen nach Deutschland, zum Beispiel der Bumerang. Er kommt aus Australien, seine Bezeichnung ebenfalls.
Heutzutage wandern Wörter noch schneller als früher hin und her, weil wir in kürzester Zeit rund um die Erde fliegen und uns von einer Minute zur anderen im Web austauschen können.

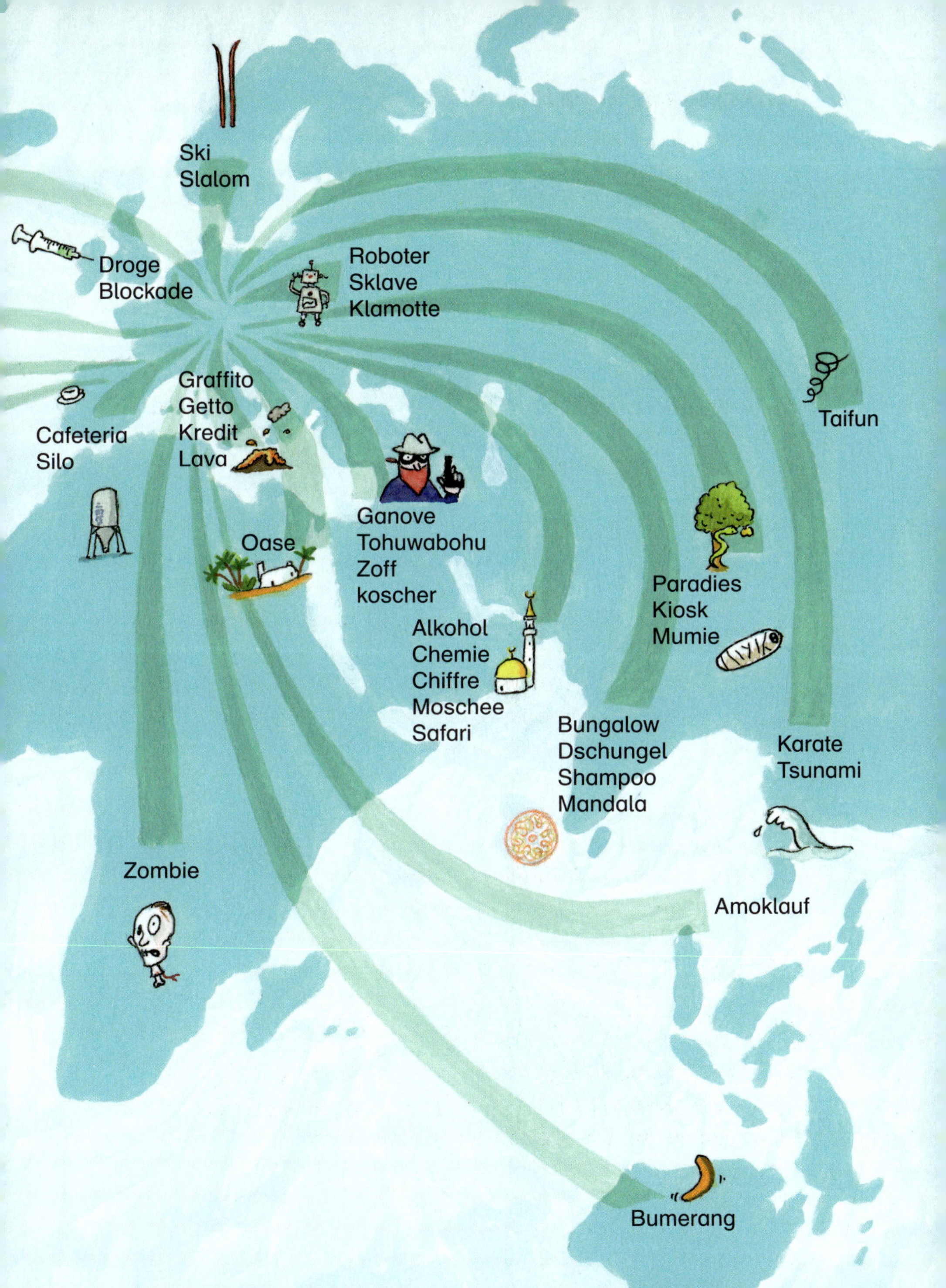
Ski
Slalom
Droge
Blockade
Roboter
Sklave
Klamotte
Taifun
Graffito
Getto
Kredit
Lava
Cafeteria
Silo
Oase
Ganove
Tohuwabohu
Zoff
koscher
Paradies
Kiosk
Mumie
Alkohol
Chemie
Chiffre
Moschee
Safari
Bungalow
Dschungel
Shampoo
Mandala
Karate
Tsunami
Zombie
Amoklauf
Bumerang

Auswanderer in alle Welt

ins Amerikanische/Englische

yodel
angst
rucksack
sauerkraut
kindergarten
gemutlich
fraulein
hausfrau
kaffeeklatsch

ins Finnische

kahvipaussi
bratwursti

ins Dänische

besserwisser
liebhaver
rutschebane
gesjæft

ins Französische

handball
doppelgänger
zwieback

ins Türkische

şipidak
otoban
şinitzel
fertih
haymatlos

ins Spanische

platz!
kuchen
lumpen
muesli

ins Italienische

tagesmutter
poltergeist
speck

In die deutsche Sprache sind Wörter nicht nur eingewandert. Deutsche Wörter sind auch ausgewandert. Sie wurden in andere Sprachen aufgenommen und der Sprech- und Schreibweise des Landes angepasst. Hier findest du einige Beispiele dieser Wörter, und zwar so, wie sie geschrieben oder gesprochen ( ) werden. Viele erkennst du wieder, bei manchen musst du ein wenig rätseln, welches deutsche Wort dahintersteckt.

Das Übungsheft zum Grundschulwörterbuch

So schreibe ich fehlerfrei in der Grundschule

Ab der 2. Klasse

Mit diesem Übungsheft trainieren Grundschüler ab der 2. Klasse Rechtschreibung systematisch. Fünf grundlegende Strategien führen Kinder Schritt für Schritt zur richtigen Schreibung.

Abwechslungsreiche und motivierende Aufgaben sorgen für Sicherheit und Erfolgserlebnisse beim Schreiben. Entwickelt von erfahrenen Grundschulpädagogen.

ISBN 978-3-411-73772-7